Abduvohidova Shahribonu Akmalovna

Azamatova Shaxzoda Isomiddinovna

Ingliz tilini o'rganamiz

© Abduvohidova Shahribonu Akmalovna
Ingliz tilini o'rganamiz
By: Abduvohidova Shahribonu Akmalovna,
Azamatova Shaxzoda Isomiddinovna
Edition: July '2024
Publisher:
Taemeer Publications LLC (Michigan, USA / Hyderabad, India)

ISBN 978-93-5872-974-0

© **Abduvohidova Shahribonu Akmalovna**

Book	:	Ingliz tilini o'rganamiz
Author	:	Abduvohidova Shahribonu Akmalovna, Azamatova Shaxzoda Isomiddinovna
Publisher	:	Taemeer Publications
Year	:	'2024
Pages	:	80
Title Design	:	*Taemeer Web Design*

Mundarjia

Kirish...

1 – mavzu (1 – unit)

Ingliz tili alifbosi *(English alphabet)*...*4*

2 – mavzu (2 – unit)

Ingliz tilida o'qish qoidalari *(Reading rules in English language)* *6*

3 – mavzu (3 – unit)

So'z turkumlari *(Parts of speech)*..*10*

4 – mavzu (4 – unit)

Artikl *(Article)*...*43*

5 – mavzu (5 – unit)

Zamonlar *(Tenses)*..*48*

6 – mavzu (6 – unit)

Istak / shart gaplar *(wish / if sentences)*..*56*

7 – mavzu (7 – unit)

Ko'chirma va o'zlashtirma gap *(Direct and Indirect speech)*................*60*

8 – mavzu (8 – unit)

Modal fe`llar *(Modal verbs)*...*63*

9 – mavzu (9 – unit)

Predloglar *(Prepositions)*...*67*

10 – mavzu (10 – unit)

Fe`lli ibora / birikmalar *(Phrasal verbs)*..*77*

1 – mavzu (1 – unit)

Ingliz tili alifbosi *(English alphabet)*

Ingliz alifbosi lotin alifbosiga asoslangan va 26 ta harfdan iborat.

Ingliz tilida harflar ikki turga: **vowels** (unli) va **consonants** (undosh) ga bo'linadi. Unli harflar (vowels) **5 ta** : a, e, i, o, u

Undosh harflar (consonants) esa **21 ta** : b, c, d, f, g, h, j, k, l, m, n, p, q, r, s, t, v, w, x, y, z.

Bundan tashqari , ingliz tilida harf birikmalar ya'ni ikki harf qo'shilgan holda bir tovushni beradigan harflar mavjud . Bular :
c va **h** qo'shilib **ch** (*chain* [chain] - zanjir)
s va **h** qo'shilib **sh** (*shade* [sheid] - soya)

Aa	Bb	Cc	Dd	Ee	Ff	Gg
[eɪ]	[bi:]	[si:]	[di:]	[i:]	[ɛf]	[dʒi:]
Hh	Ii	Jj	Kk	Ll	Mm	Nn
[eɪtʃ]	[aɪ]	[dʒeɪ]	[kʰeɪ]	[ɛl]	[ɛm]	[ɛn]
Oo	Pp	Qq	Rr	Ss	Tt	Uu
[oʊ]	[pʰi:]	[kʲu:]	[aɹ]	[ɛs]	[ti:]	[ju:]
Vv	Ww	Xx	Yy	Zz		
[vi:]	['dʌbəl ju:]	[ɛks]	[waɪ]	[zi:]		

Eslab qolish uchun maxsus o'yin

Scrabble Matching Game[1]

Print some simple photos that begin with different letters of the alphabet. Using a set of scrabble tiles, ask your child to match the tile of the first letter to each image. For a more advanced version, ask them to spell out the name of the image using the scrabble tiles.

---

1. https://readingeggs.com.au/articles/2020/06/02/alphabet-games/

2 – mavzu (2 – unit)

Ingliz tilida o'qish qoidalari *(Reading rules in English language)*

Bizga ma'lumki, ingliz tili grammatikasi o'zbek tilidan anchagina farq qiladi. Shuningdek, ushbu ikki tilda so'zlarni o'qish ham bir muncha farq qiladi. Sababi har bir harfning og'izdan chiqish tovushi hisoblanadi .Ingliz tilida asosiy o'qish qoidalari quyidagilar hisoblanadi :

Unli harflarning urg'uli birikmalarining o'qilishi

1. ai, ay (ei) Spain(ispaniya) , day(kun)

2. ea, ee (i:) sea(dengiz),meet(uchrashmoq)

3. ew (ju:) new(yangi)

4. oi;oy (oi) point(nuqta,...);boy(o'g'il bola)

5. 00-k (u) book(kitob);

6. oo (u:) too (juda)

7. ou,ow (au) out(tashqari);brown(jigarrang)

8. ee+r (io) engineer(muhandis)

9. ou+r (auo) our(bizning)

10. oo-r (o:) door(eshik)

Ikki xil o'qiluvchi undoshlar

1. c (si:) a)e,i,y dan oldin (s) deb o'qiladi masalan: cent(dollarning yuzdan biri); pencil(qalam); icy(sovuq);

b) a,o,u, barcha undoshlardan oldin va so'z ohirida (k) deb o'qiladi Masalan Cap(kepka); Come(kelmoq); cup(chashka); black(qora)

2. g (dji:) a) e,i,y dan oldin (dj) M.n: page(bet); gin(jin); gypsy(lo'li)

b) a,o,u, barcha undoshlardan oldin va so'z ohirida (g) deb o'qiladi M.n: good(yaxshi); green(yashil); big(katta)

3.s (es) a) So'z boshida, jarangsiz undoshlardan oldin va so'z oxirida jarangsiz undoshlardan keyin (s) deb o'qiladi M.n sit(o'tirmoq); student(talaba); lists(ro'yxatlar)

b) Unlilar o'rtasida, so'z oxirida unli va jarangli undoshdan so'ng (z)deb o'qiladi M.n please(iltimos); ties(galstuklar); pens (ruchkalar)

4. x (eks) a) Undoshlardan oldin va so'z oxirida (ks) deb o'qiladi M.n: text(matn); six(olti) ;

b) urg'uli unlidan oldin (gz) M.n exam(imtihon)

Undosh harf birikmalarining o'qilishi

1. sh Har qanday holatda (sh) she;

2. ch Har qanday holatda (ch)chess;

3. tch Qisqa unlidan so'ng (ch) match;

4. ck qisqa unlidan so'ng (k) black;

5. th a)asosiy so'zlar boshida va so'z oxirida (s:) thick(qalin);

b) olmoshlar, ko'makchi so'zlar boshida va unlilar o'rtasida (z:) deb o'qiladi this(bu,manabu); bathe(suzmoq)

6.wh a) so'z boshida o dan boshqa barcha unlilar oldidan (w) what(nima)

b) o dan oldin (h) who(kim)

7. qu unlilardan oldin (kw) question(savol)

8. ng har qanday holatda (ng) long(uzun)

9. nk har qanday holatda (ngk) thank(minnatdorchilik bildirmoq)

10. wr so'z boshida unlidan oldin (r) write(yozmoq);

Unlilarnning undoshlar bilan kelganda o'qilishi

1. al a) urg'uli bo'g'inda k dan oldin (o:) chalk(bo'r)

b) urg'uli bo'g'inda boshqa undoshlardan oldin (o:l) wall(devor); also(yana,ham)

2. wor urg'uli bo'g'inda undoshlardan oldin (wo:) work(ish) word(so'z)

3. wa a) r dan tashqari so'z oxiridagi undosh yoki undosh birikmalaridan oldin (wo) want(hohlamoq)

b) r dan oldin (wo:) warm(iliq)

4. igh har qnday holatda (ai) light(yoqmoq,yoritmoq) My first lesson has been finished.

Eslab qolish uchun maxsus oʻyin

Letter Scramble (Tartibsiz harflar)[2]

Oʻquvchilaringiz oxirgi marta oʻrgangan soʻzlarni roʻyxatini tuzing. Va biror soʻzni harflarini chalkashtirib doskaga yozing. Oʻquvchilaringizga harflarni togʻri tartibda qoʻyib berilgan soʻzni topishiga biroz vaqt bering. Kim birinchi boʻlib soʻzni topa olsa oʻsha oʻquvchi gʻolib boʻladi.

---

2. https://hasanboy.uz/ring-of-fire-qiziqarli-oyin/

3 – mavzu (3 – unit)

So'z turkumlari *(Parts of speech)*

Ingliz tilida boshqa tillarda bo'lgani kabi , so'z turkumlari ot , sifat , son , fe'l , olmosh , ravish kabi mustaqil so'z turkumlariga , bog'lovchi , predlog kabi yordamchi so'z turkumlariga bo'linadi . So'z turkumlari va boshqalarning inglizchadagi nomlari :

Ot - The Noun

Fe'l - The Verb

Sifat - The Adjective

Son - The Numeral

Olmosh - The Pronoun

Ravish - The Adverb

Bog'lovchi - The Conjunction

Predlog - The Preposition

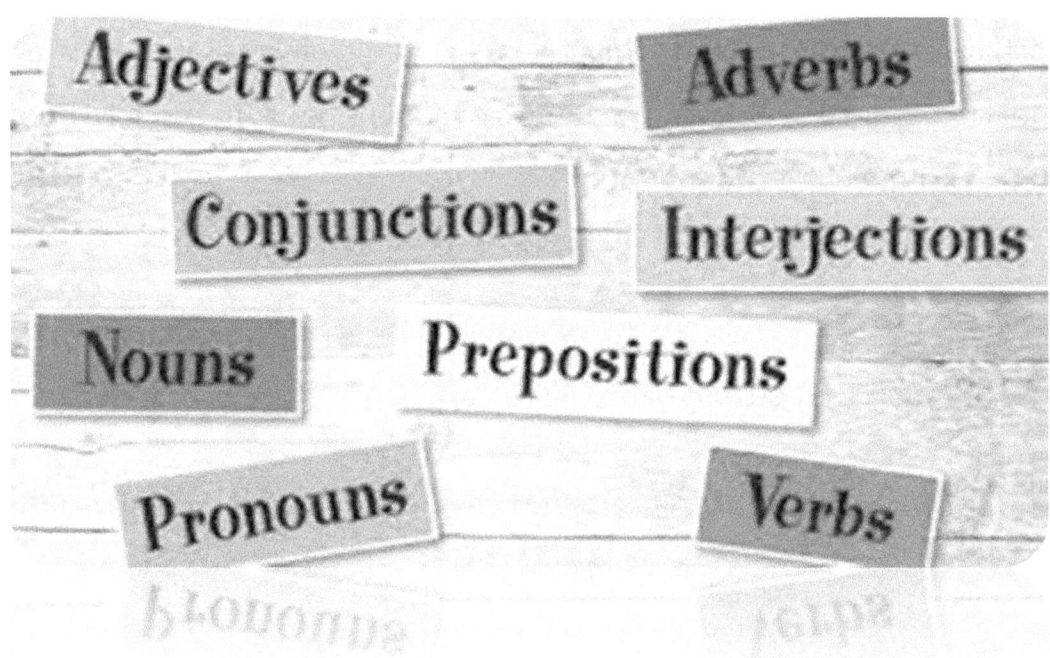

The Noun- Ot

Kim (Who is this?) va nima (What is this?) so'roqlariga javob bergan barcha narsalar otlardir.

Ular atoqli (Proper Nouns) va turdosh otlarga (Common Nouns) bo'linadi.

Daryo, shahar, tog' va joylarning nomlari atoqli otlardir: the Volga, the Caucasus. Kishining ismlari ham shu turga mansub. Atoqli otlar katta harf bilan yoziladi, agar ular bitta so'zdan ko'p bo'lsa, artikldan tashqari barchasi katta harf bilan yoziladi:

the Atlantic Ocean

the United Kingdom of Great Britaon and Nothern Ireland

Predmetning va umumiy bo'lgan barcha narsalarning nomlari turdosh otlardir:a country (mamlakat, davlat), a house (uy). Turdosh otlarga alohida narsalarning otlari (kitob, daraxt) va yig'uvchi otlar, ya'ni bir butunlikda qaralayotgan shaxs yoki hayvon (a family, families, a crowd, crowds) nomlari ham kiradi. Harakat, holat, his, ilm fan, san'atni ifolaydigan otlar (Abstract Noun): honesty (to'g'riso'zlik), bravery (mardlik), love (sevgi), sleep (uyqu) va Material Nouns, qaysiki tabiatda mavjud bo'lgan narsalar, suv, po'lat va hk ham turdosh otlarga kiradi.

Ot sanaladigan va sanalmaydigan otlarga bo'linadi. Sanasa bo'ladigan va birlikda hamda ko'plikda ishlatiladigan otlar sanaladigan otlarga kiradi:

I have bought a book. Men kitob sotib oldim.

I have bought books. Men kitoblar sotib oldim.

Sanalmaydigan otlarga sanab bo'lmaydigan otlar, hamda Material Nouns va Abstract Nouns ham kiradi. Ular faqat birlikda ishlatiladi.

Knowledge is power. Bilim bu kuch.

Otlarning ko'plik shakli ularning birlikdagi shakliga -s qo'shish bilan yasaladi va bu jarangli undosh va unlilardan keyin [z], jarangsiz undoshlardan keyin esa ~~deb talaffuz~~

~~qilinadi.~~
~~hand qo'l hands [hendz]~~
~~shoe oyoq kiyim shoes [shu:z]~~
~~map xarita maps [meps]~~
~~Birlikdagi shakli s, ss, x, ch, sh va boshqalar bilan tugaydigan otlarning ko'plik shakli ularga -es qo'shish bilan yasaladi va [iz] deb o'qiladi:~~
~~box quti, yashik boxes [boksiz]~~
~~dish idish, taom dishes [dishiz]~~

Agar otlarning birlikdagi shakli undosh harfdan keyin keladigan -y bilan tugasa, ko'plik shakli -es qo'shish bilan yasaladi, bunda y harfi i ga almashtiriladi:

city shahar cities

factory fabrika factories

Agar -y dan oldin unli harf turgan bo'lsa, umumiy qoidaga bionan -s qo'shish bilan yasaladi, bunda -y harfi i ga almashtirilmaydi:

day kun days

toy o'yinchoq toys

Agar ot birlikda -o bilan tugasa, ko'pligi -es qo'shish bilan yasaladi:

cargo yuk cargoes

hero qahramon heroes

*lekin photo rasm, va piano pianino so'zlari bundan mustasno.(photos, pianos)

Oxiri f bilan tugaydigan otlarning ko'lik shakli f ning v ga almashtirillishi va s qo'shilishi bilan yasaladi:

knife pichoq knives

Ammo bir nechta f yoki ef bilan tugaydigan otlar -s qo'sish bilan yasaladi:

handkerchief ro'molcha handkerchiefs

Ayrim otlarning ko'plik shakli -s qo'shish bilan emas, balki maxsus yo'l bilan yasaladi:

man erkak kishi men

woman ayol kishi women

foot oyoq(tag qismi,) feet

tooth tish teeth

goose g'oz geese

mouse sichqon mice.

Child bolaning ko'plik shakli children.

Sheep qo'y va fish baliq ko'plik va birlikda ham bir xil shaklga ega:
I caught two fish. Men ikkita baliq tutib oldim.
The farm has a great number of sheep. Fermada juda ko'p qo'ylar bor.
Ammo baliqlarning har xil turlari haqida gapirilganda, fishes ishlatiladi:
There are all kinds of fishes in this lake. Bu ko'lda baliqlarning har xil turi bor.

*Advice -maslahat, information- ma'lumot, progress -yutuq, progress, knowledge- bilim faqat birlikda ishlatiladi:
My mother gave me some advice. Oyim menga maslagat berdilar.
* News yangilik, yangiliklar ko'plik shakliga ega bo'lsada, birlikdagi ma'nosi bilan ishlatiladi:
What is the news? NIma yangiliklar?
* -ics bilan tugaydigan fanlarning nomi (mathematics, physics) o'zi ko'plik shakliga ega bo'lsa ham, birlikda ishlatiladi:
Mathematics forms the basis of many other sciences. Matematika boshqa tabiiy fanlarning asosini tashlik etadi.
* Money- pul va hair -soch faqat birlikda ishlatiladi:
My hair is long. mening sochim uzun.
This money belongs to me. Bu pul menga tegishli.
* Fruit meva birlikda ishlatiladi:
Fruit is cheap in summer. Mevalar yozda arzon bo'ladi,
ammo har xil turini bildirish uchun ko'plikda ham ishlatilishi mumkin:
There are apples, peaches and other fruits in our garden.
Bizning bog'imizda olmalar, shaftolilar va boshqa mevalar bor.

Ko'pchilik juft predmetlar faqat ko'plikda ishlatiladi: scissors qaychi, scales tarozi, trousers shim, spectacles ko'zoynak:

THese scissors are very sharp. Bu qaychi judayam o'tkir.

Quyidagi otlar faqat ko'plikda ishlatiladki: goods-mahsulat, tovar, contents-mundarija, tarkib, clothes-kiyim, wages-maosh, riches-boylik.

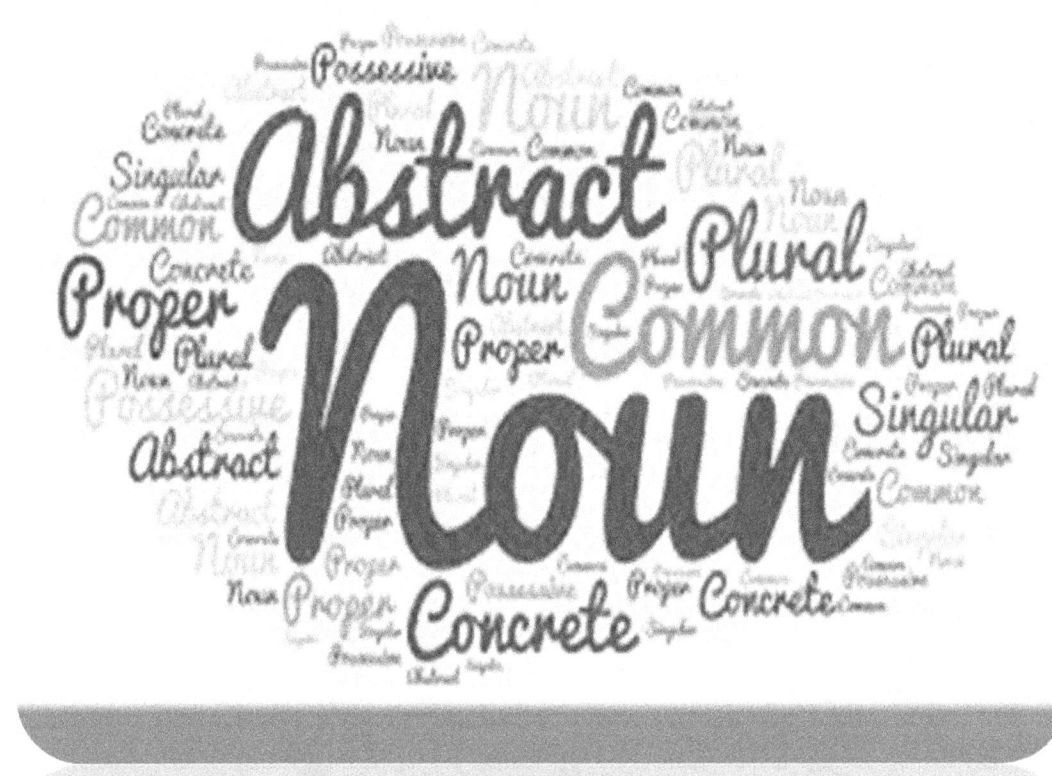

Sifat-The Adjective

Narsaning yoki predmetning xususiyatini, shaklini, holini bildirib, qanday yoki qanaqa savollariga javob bo'ladigan so'zlar sifat deyiladi. Ingliz tilida sifat birlik

yoki ko'plikka, jinsga, yoki kelishikka qarab o'zgarmaydi, ular har doim bir xil bo'ladi. Sifat oddiy yoki yasama bo'lishi mumkin. Oddiy sifat tarkibida hech qanaqangi qo'shimcha yoki o'zgartirishlar bo'lmaydi. Masalan, red qizil, black qora va hk. Yasama sifat esa o'z tarkibida turli xil qo'shimchalarga ega.

Boshqa so'zlardan sifat yasaydigan suffikslar:

-ful: useful-foydali

-less: helpless-yordamsiz, yordamga muhtoj, useless befoyda, yaroqsiz

-ous: famous-mashhur, dangerous-xatarli

-al: formal-rasmiy, central-markaziy

-able, -ible: capable-qobil

Sifat yasaydigan prefikslar:

-un: unhappy-baxtsiz, unequal-tengsiz

-in: incomplete-tugallanmagan, indifferent-farqsiz, befarq

Bundan tashqari qo'shma sifatlar ham bo'lib, ular bir yoki bir nechta sifatlarning qo'shilmasidan yasaladi. Masalan, dark-blue to'q- ko'k, snow-white oppoq(qor kabi oq)

Sifatning oddiy(Positive Degree), qiyosiy (Comparative Degree) va orttirma (Superlative Degree) darajalari bor.

Sifatning oddiy darajasi hech qanaqangi qiyoslashni ko'rsatmaydi va o'z shaklini o'zgartirmaydi ham.

The Amu Darya is a long river.- Amudaryo uzun daryodir.

Sifatning qiyosiy darajasi sifatga —er, (-e yoki —er deb talaffuz qilinadi), orttirma darajasi esa —est (-ist deb talaffuz qilinadi)

Oddiy daraja   Qiyosiy daraja   Orttirma daraja

Sharp oʻtkir   Sharper oʻtkirroq   Sharpest eng oʻtkir

Cold sovuq   Colder sovuqroq   Coldest eng sovuq

Deep chuqur   Deeper chuqurroq   Deepest eng chuqur

Sifatning orttirma darajasi oldida har doim aniq artikl **The** qoʻyiladi.

Ikki boʻgʻinli —y, -er, -ow, -ble bilan tugaydigan sifatlar ham xuddi shu yoʻl bilan yasaladi.

Oddiy daraja   Qiyosiy daraja   Orttirma daraja

Busy band   Busier bandroq   Busiest eng band

Clever aqlli   Cleverer aqlliroq   Cleverest eng aqlli

Narrow tor, ensiz   Narrower ensizroq   Narrowest eng tor

Able qobil   Abler qobilroq   Ablest eng qobil

Noble   Nobler   noblest

Easy oson   Easier osonroq   Easiest eng oson

Shu yoʻl bilan boshqa sifatlarning ham qiyosiy va orttirma darajalari yasaladi.

Oddiy daraja   Qiyosiy daraja   Orttirma daraja

Common umumiy   Commoner   commonest

Simple oddiy   Simpler oddiyroq   Simplest eng oddiy

Agar sifat -e harfi bilan tugasa, uning qiyosiy va orttirma darajalarini yasashda, bitta -e tushirib qoldiriladi:

brave qoʻrqmas braver bravest

large katta larger largest

Agar sifat qisqa tovushdan keyin undosh harf bilan tugasa, uning boshqa darajalari, oxirgi harfning ikkilanishi bilan yasaladi:

big katta bigger biggest

hot issiq hotter hottest

Agar sifat undosh harfdan keyin keladigan -y bilan tugasa, -y ning oʻrniga -i ishlatiladi:

busy band busier busiest

easy oson easier easiest

Agar sifat unli harfdan keyin keladigan -y bilan tugasa, unda -y o'zgarmaydi:

gay xursand gayer gayest

Ko'pchilik ikki yoki undan ortiq bo'g'inli sifatlarning qiyosiy va orttirma darajalarini yasash uchun, qiyosiy daraja uchun most, orttirma daraja uchun esa most ishlatiladi:

famous mashhur more famous most famous

beautiful go'zal more beautiful most beautiful

difficult qiyin more difficult most difficult

Masalan,

This is the best way to solve the problem. - Bu masalani yechishning eng yaxshi usuli.

Ba'zi bir sifatlarning darajalari qoidadan farqli o'laroq, boshqacha bo'ladi:

good yaxshi better best

bad yomon worse worst

little kichkina, kam less least

much, many ko'p more most

Far uzoq so'zining darajalari ikkita so'z bilan ham ifodalanishi mumkin:

far uzoq farther farthest

further furthest

He was in the farthest(furthest) corner of the garden.- U bog'ning eng uzoq burchagida edi.

Sifatning qiyosiy darajasida shu so'zga alohida urg'u berish uchun far, yoki much ishlatilishi mumkin:

It is far better than it was before.- Hozir u oldingidan ancha yaxshi.

The Sirdaryo is much longer than Zarafshon. - Sirdaryo Zarafshonga qaraganda ancha uzun.

* much bilan many ishlatiyotganda, u bilan ishlatilayotgan otning sanaladigan yoki sanalmaydiganligiga e'tibor berish lozim. Chunki many sanaladigan otlar bilan, much esa sanalmaydigan otlar bilan ishlatilmaydi:

I have much more free time now. - Hozir ancha boʻsh vaqtim bor.

I have many more books than you.- Menda senikidan ancha koʻp kitob bor.

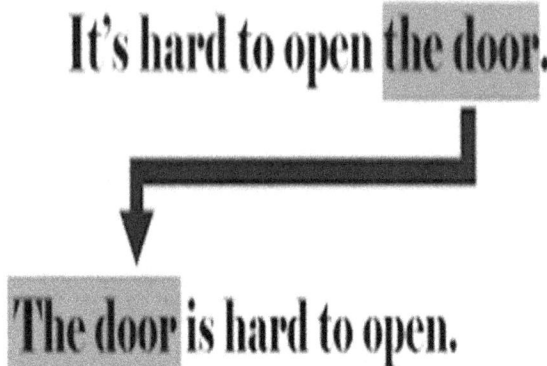

Olmosh (*Pronoun*)

Olmosh deb ot , sifat oʻrnida qoʻllana oladigan soʻzlarga aytiladi . Ingliz tilida olmosh quyidagi turlarga boʻlinadi :

1. Personal pronouns (kishilik olmoshi)

2 . Possessive pronouns (egalik olmoshi)

3 . Reflexive pronouns (oʻzlik olmoshi)

4. Demonstrative pronouns (ko'rsatish olmoshi)

5. Reciprocal pronouns (birgalik olmoshi)

6. Some, any, no pronouns (some, any, no olmoshlari) / Some, any, no pronouns (some, any, no olmoshlari) / Indefinite pronouns (gumon olmoshi)

7. Interrogative pronouns (so'roq olmoshi)

Personal pronouns (kishilik olmoshi)

Ingliz tilida **personal pronouns** deganda kishi (shaxs)ni o'rniga ishlatiladigan olmoshlar tushuniladi.

Masalan:

John is my brother. He is my brother. (John mening akam. U mening akam)

Bu yerda *John* ot bo'lsa, *he* uning o'rnida ishlatilyapti. Ya'ni shaxs o'rniga qo'llanilmoqda.

<u>Children</u> are playing in the garden. <u>They</u> are playing in the garden.
(<u>Bolalar</u> bog'da o'ynashyapti. <u>Ular</u> bog'da o'ynashyapti).

Ingliz tilida 3ta shaxs mavjud. I-shaxs so'zlovchi, II-shaxs-tinglovchi, III-shaxs boshqa, suhbatga aloqasi
bo'lmagan odam

Birlikda (Singular)

I-shaxs   I – men
II-shaxs   you – sen, siz
III-shaxs   he, she, it – u

Ko'plikda (Plural)

I-shaxs   we – biz
II-shaxs   you – sizlar
III-shaxs   they – ular

My name is Jasur. I am a student.

Mening ismim Jasur. Men talabaman.

My friend's name is Sultan. H e is not a student.

Do'stimning ismi Sulton. U talaba emas.

This is my sister. She is a dentist.

Bu mening singlim . U tish shifokori.

That is a book. It is a text-book.

Anavi kitob. U darslik.

My family is large. We are five.

Mening oilam katta. Biz besh kishimiz.

Do you speak English ? Siz inglizcha gaplashasizmi ?

My parents are not at home now, they are in Italy .

Ota-onam hozir uyda emas. Ular Italiyada.

Shuningdek, personal pronoun (kishilik olmoshi) obyekt ya'ni to'ldiruvchi vazifasidagi keladigan olmoshlarga ham bo'linadi . Bu olmoshlar gapda mustaqil yoki predloglardan keyin , shuningdek , to be fe'lidan keyin kelishi mumkun .

Masalan : Who is Sherzod ? It is me . Kim Sherzod? Bu men.

Obyekt olmoshlari gapda to'ldiruvchi vazifasida keladi.

Ushbu olmoshlar quyidagilar:

me — meni, menga

you — seni, senga

her — uni, unga (ayol kishi uchun)

him — uni, unga (erkak kishi uchun)

us — bizni, bizga

them — ularni, ularga

Please , give me your red pen . (Iltimos, menga qizil ruchkangni ber.)

Happy birthday to you! (Tug'ilgan kuning (senga) muborak bo'lsin!)

Nozima plays tennes very well. I played tennis with her last Sunday. (Nozima tennisni yaxshi o'ynar ekan. O'tgan yakshanba u bilan tennis o'ynadim.)

Call us tomorrow, please. (Bizga ertaga qo'ng'iroq qiling, iltimos.)

I am far from my parents now. I send them a letter every week . (Hozir ota-onamdan uzoqdaman . Men ularga har hafta xat jo'nataman.)

Lola has breakfast with him. (Lola u bilan nonushta qildi.)

Possessive pronouns (egalik olmoshi)

Egalik olmoshlari ingliz tilida **possessive pronouns** deyiladi va biror narsaga egalikni bildiradi . Masalan:

my pen – mening ruchkam

his book – uning kitobi

Kishilik olmoshlarining (Possessive Pronouns) har biri o'zining egalik olmoshiga ega. Egalik olmoshlarining ikki shakli bor. Birinchisi oddiy shakli bo'lib gapda aniqlovchi vazifasida keladi. Ikkinchisi mutlaq shakli bo'lib, gapda otlar o'rnida ishlatiladi.

Egalik olmoshlarining oddiy shakllari:

Birlikda

my – mening

your – sening, sizning

his – (og'il bola, erkak kishi uchun) – uning

her – (qiz bola, ayollar uchun) – uning

its – (hayvon va narsa buyum uchun) – uning

Ko'plikda

our – bizning

your – sizlarning

their – ularning

My brother is an investigator. His name is Charly.

Mening akam tergovchi. Uning ismi Charli.

Susan is not at home, she is at her aunt's.

Syuzan uyda emas, u xolasinikida.

Ted washed his face and put on his glasses.

Ted yuzini yuvdi va ko'zoynagini taqdi.

This word is not clear to me. I don't know its meaning.

Bu so'z menga tushunarli emas. Men uning ma'nosini bilmayman.

These people are from England and their language is English.

Bu odamlar Angliyalik va ularning tili inglizcha.

Egalik olmoshlarining mutlaq shakllar I gapda otning o'rnida ishlatiladi .

Birlikda

mine – meniki

yours – seniki

his - uniki (er)

her s - uniki (ayol)

Ko'plikda

ours – bizniki

yours - sizniki

theirs - ularniki

This book is not mine , it is yours.

Bu kitob meniki emas , u seniki .

My family lives in Oregon, but h is lives in California (his family) .

Mening oilam Oregonda yashaydi , lekin uniki Kaliforniyada yashaydi .

Their country is England but ours is Uzbekistan .

Ularning yurti Angliya , lekin bizniki O'zbekistondir .

Our country is Uzbekistan but thers is England.

Bizning mamlakatimiz O'zbekiston , leking ularniki - Angliya.

Reflexive pronouns (o'zlik olmoshi)

I – Myself (mening o'zim)

You – Yourself (o'zing)

He – Himself (o'zi , o'gil bolaga)

She – Herself (o'zi , qizlar uchun)

It – Itself (o'zi , narsalarga)

We – Ourselves (o'zimiz)
You – Yourselves (o'zingiz)
They – Themselves (o'zlari)

Reflexive Pronouns o'zbek tilida "O'zlik olmosh " lari deb ataladi . Odatda Reflexive Pronouns gap oxirida kelib , ega bilan to'ldiruvchi bitta shaxs ekanligini ifodalaydi . Ya'ni ish harakatni bajaruvchisi va qabul qilib oluvchisi bitta shaxs bo'ladi.

She always talks to herself – U doim o'ziga gapiradi.

I am teaching myself to play the piano – Men o'zimga pianino chalishni o'rgatyapman.

I saw myself in the mirror – Men o'zimni ko'zguda ko'rdim .

We blame ourselves - Biz o'zimizni ayiblaymiz .

Ba'zan " ish harakatni yolg'iz o'zim bajardim " ma'nosida ham Reflexive Pronoun ishlatilishi mumkin .

I made it myself – Men o'zim yasadim

She came here herself – Uning o'zi bu yerga keldi

I found the house myself – Men o'zim uyni topdim.

Quyidagi gaplarni ham ko'rib chiqing :

I taught myself how to build this website . – Men qanday qilib bu web sahifani yaratishni o'zimga o'zim o'rgatdim

Do you listen to yourself when you speak English ? – Siz inglizcha gapirganingizda o'zingizni o'zingiz tinglaysizmi ?

The boy hurt himself while playing hockey .– Bola o'zini hokkey o'ynayotib jaroxatlab oldi

He hurt himself. – O'zini o'zi jaroxatlab oldi

A computer can turn itself off to save on energy . – Kompyuter energiyani tejash maqsadida oʻzini oʻzi oʻchiradi

You decide for yourselves to study English . No one tells you what to do . – Siz ingliz tilini oʻrganishni oʻzingiz qaror qilishingiz kerak. Hech kim sizga nima qilishni aytmaydi

Demonstrative pronouns (koʻrsatish olmoshi)

Demonstrative pronouns koʻrsatish olmoshlari boʻlib , biror shaxs , narsa yoki predmet koʻrsatilganda ishlatiladi .

Koʻrsatish olmoshlari 4ta boʻlib, ular : **this , that , these** va **those.**

This – bu (yaqindagi 1 ta narsa uchun)   This is a book (Bu kitob) .

These – bular (yaqindagi 1 dan ortiq narsalar uchun) Those are books (Bular kitoblar) .

That – u , anavi (uzoqdagi 1t a narsa uchun)   That is a cat (Bu mushuk) .

Those – anavilar , ular (uzoqdagi 1 dan ortiq narsalar uchun) Those are cats (Ular mushuklar) .

That is not my book . U mening kitobim emas .

That man didn't tell me his address . Oʻsha kishi menga manzilini aytmadi .

Those roses are more beautiful . Anavi atir gullar chiroyliroq .

Those are not your books . Ular mening kitoblarim emas.

Reciprocal pronouns (birgalik olmoshi)

Hozirgi zamon ingliz tilidagi **each other** va **one another** olmoshlari birgalik olmoshlari (Reciprocal Pronouns) hisoblanadi .

each other - *bir-bir(lar)i* (-ni /-ga/ -da/ -dan)

one another - *bir-bir (lar) i* (-ni/ -ga/ -da/ -dan)

Martha and Harold gave e achother gifts on their wedding anniversary . Marta va Xarold nikoh yubileylarida bir-birlariga sovgʻalar berishdi .

The students greeted each other after their long summer vacation . Uzoq yozgi ta'tildan so'ng talabalar bir-birlarini olqishladilar .

Members of the class were asked to prepare questions for one another . Sinf a'zolaridan bir-birlariga savollar tayyorlash so'raldi .

Some , any , no pronouns (some , any , no olmoshlari)

Indefinite pronouns (gumon olmoshi)

Some olmoshi " bir necha " , " *bir qancha* " degan m a'nolarni anglatib , faqat bo'lishli gaplarda ishlatiladi.

There are s o m e books on the table .

Stol ustida bir qancha kitoblar bor .

I've got som e French books .

Menda bir nechta fransuzcha kitob (lar) bor .

Any olmoshi bo'lishsiz va so'roq gaplarda **some** o'rnida ishlatiladi va " *hech qancha* " , " *hech qanday* " , " *birorta* " kabi ma'nolarni anglatadi .

There are not a ny book (s) on the table .

Stolning ustida hech qanday kitob yo'q.

Are there any book (s) on the table ?

Stolning ustida birorta kitob bormi ?

I haven't got a n y French books .

Menda hech qanday fransuzcha kitob yo'q .

Have you got a n y French books ?

Sizda birorta fransuzcha kitob bormi ?

Any olmoshi bo'lishli gaplarda *"har qanday"*, *"istagan"*, *"xohlagan"* kabi ma'nolarda ishlatiladi.

Come and see me any time.

Istagan vaqtda kelib, men bilan uchrash.

Some va **any** sanalmaydigan otlardan oldin kelganda odatda o'zbek tiliga tarjima qilinmaydi.

Give me some milk, please.

Iltimos, menga sut bering.

I've got some money, but not enough to buy a car.

Menda pul bor, lekin mashina sotib olish uchun yetarli emas.

Is there any butter in the fridge?

Muzlatkichda saryog' bormi?

Some va **any** olmoshlaridan keyin **of** predlogi kelishi mumkin.

s o m e of ... – *ning / -dan* ba'zilari (ayrimlari/bir nechtasi / bir qanchasi)

Some of the books are on the table.

Kitoblarning ayrimlari stolning ustida.

Some of the participiants will come later.

Ishtirokchilardan ba'zilari kechroq kelishadi.

any of ... bo'lishli gaplarda - *ning / - dan* istalgani (har biri/ har bittasi / har qaysisi / qaysi biri bo'lsa ham);

bo'lishsiz gaplarda - *ning / - dan hech biri* (hech qaysisi / birortasi ham).

Any of the books will do.

O'sha kitoblarning qaysi biri bo'lsa ham bo'laveradi .

A ny of th ose people couldn't give useful information .

O'sha kishilarning hech biri foydali ma'lumot bera olmadi .

Eslatma : Agar so'roq gap orqali biror narsa taklif qilinsa yoki so'ralsa **any** emas **some** olmoshi qo'llanadi.

W ould you like som coffee ?

Kofe ichishni xohlaysizmi ?

W ould you like some cheese ?

Pishloq yeyishni xohlaysizmi ?

Could you lend me some money ?

Menga qarzga pul bera olasizmi ?

No olmoshi faqat bo'lishsiz gaplarda not any o'rnida ishlatilishi mumkin.

There are no book (s) on the table .

Stolning ustida kitob (lar) yo'q .

I have no time to do it now .

Buni qilishga hozir vaqtim yo'q .

Some , **any** va **no** olmoshlarining har biri *body* , *one* , *thing* , *where* so'zlari bilan birikib yangi olmoshlarni hosil qiladi.

Somebody / someone / anybody / anyone nobody/ no-one

anything / nothing / something /

anywhere / nowhere / somewhere /

Somebody va **someone** olmoshlari ma'nodosh bo'lib, "*kimdir*" degan ma'noni anglatadi.

Somebody (or someone) is knocking the door.

Kimdir eshikni taqillatyapti.

Something " *nimadir* ", " *biror nima* ", " *biror narsa* " kabi ma'nolarda ishlatiladi.

I am hungry. I want to eat something.

Qornim ochdi. Biror narsa yegim kelyapti.

Somewhere - " *biror joy* ", " *biror yer* ", " *qayerdir* " kabi ma'nolarni ifodalaydi.

" Where is Ted ? " " He is somewhere in Europe."

" Ted qayerda ? " " U Yevropaning biror yerida."

Some bilan yasalgan barcha olmoshlar tasdiq gaplarda ishlatiladi. **Anybody** va **anyone** olmoshlari so'roq va inkor gaplarda **" kimdir "**, **" biror kishi "**, **" hech kim "** kabi ma'nolarda ishlatiladi.

Can anybody / anyone help? (it does not matter who)

Biror kishi yordam bera oladimi ? (kim bo'lishidan qat'i nazar)

Don't let anyone open the door.

Hech kim eshikni ochmasin.

They did not find anybody who could help them.

Ular yordam bera oladigan hech kimni topmadilar.

Anything olmoshi so'roq va inkor gaplarda " *nimadir* ", " *biror narsa* ", " *hech narsa* " kabi ma'nolarda ishlatiladi.

Did he tell you anything about that accident ?

U sizga o'sha baxtsiz voqea haqida biror narsa aytib berdimi ?

He doesn't know anything about the accident .

Baxtsiz voqea haqida u hech narsa bilmaydi .

Anywhere olmoshi so'roq va inkor gaplarda " *biror yer* ", " *biror yoq* ", " *biror joy* ", " *hech yer* ", " *hech qayer* " kabi ma'nolarda ishlatiladi.

Will you go anywhere this weekend ?

Bu dam olish kunlari biror yoqqa borasizmi?

Last evening I was at home ; I didn't go anywhere .

Kecha kechqurun uyda edim; hech qayerga bormadim .

Nobody / no-one faqat inkor gaplarda " *hech kim* ", " *hech kimsa* " kabi ma'nolarda ishlatiladi va not / anyone o'rnida qo'llanishi mumkin .

Nobody needs to worry about ice storms in Jamaica .

Yamaykada hech kim qorbo'ron haqida qayg'urmaydi .

The examinator asked somebody to come in but nobody / no-one came in .

Imtihon qiluvchi biror kishining kirishini iltimos qildi, lekin hech kim

kirmadi.

Nothing olmoshi faqat inkor gaplarda " *hech narsa* " ma'nosida ishlatiladi.

Nothing of their plans was known to me .

Ularning rejasi haqida hech narsa bilmas edim .

There is nothing in the box ; it is empty .

Qutida hech narsa yo'q; u bo'm-bo'sh.

Nowhere olmoshi faqat inkor gaplarda " *hech yer* " , " *hech yoq* " kabi ma'nolarda ishlatiladi .

Nowhere have I seen so m any beautiful houses .

Men bunday chiroyli uylarni hech qayerda ko'rmaganman .

Interrogative pronouns (so'roq olmoshi)

So'roq olmoshlari:

What – nima ? qanday ?

Which – qaysi ?

Who – kim ?

When – qachon ?

Where – qayerda ? (ga)

Why - nima uchun ?

How – qanday ?

Whose ? – kimning ?

what kind of? — Qanday, qanaqa

Who knows the answer to this question ? – Who knows the answer to this question ? – Kim bu savolga javob biladi ?

Who broke the window ? – Who broke the window ? – Kim oynasini sindirdi ?

What was written in this article ? – What was written in this article ? – Ushbu maqolada nima yozilgan edi ?

What is It ? – What is it ? – Bu nima ?

Whose document have you brought ? – Whose document have you brought ? – Kimning hujjat Siz keltirgan ?

Whose bag is it ? – Whose bag is it ? – Kimning bag ?

Which dish did you like ? – Which dish did you like ? – Nima ovqat siz kabi edi ? (Bir necha bor edi)

Which language would you like to learn ? – Which language would you like to learn ? – Qaysi til siz o'qishga xohlaysiz ? (Misol uchun, tillarda 5-6 jumladan kurslar turli)

Which of you will participate in this ceremony ? – Which of you will participate in this ceremony ? – Necha sizlardan marosimida ishtirok etadi ?

What kind of literature do you prefer ? – What kind of literature do you prefer ? – Agar kitoblar qanday afzal ko'rasiz ?

Son (Number)

Son — narsalarni sanash, miqdorni belgilash uchun qo'llaniladigan matematik vosita ; matematikaning asosiy tushunchalaridan biri .

Ingliz tilida son , boshqa tillarda bo'lgani kabi , sanoq son va tartib son kabi turlarga ajratiladi .

Sanoq sonlar sanaladigan otlarni sanash va ularning sonini ko'rsatishda ishlatiladi. Mana ingliz tilidagi sanoq sonlar :

- 1 – one
- 2 – two
- 3 – three
- 4 – four
- 5 – five

- 6 – six
- 7 – seven
- 8 – eight
- 9 – nine
- 10 – ten
- 11 – eleven
- 12 – twelve
- 13 – thirteen
- 14 – fourteen
- 20 – twenty
- 30 – thirty
- 100 – hundred
- 1000 – housand
- 1 000 000 – million
- 1 000 000 000 – billion

O'nlik sanoq sonlarda 13 dan boshlab 19 gacha songa "-teen" qo'shimchasi qo'shib aytiladi (yuqoridagi ro'yxatga qarang). 20 dan boshlab 90 gacha, barcha o'nlik sonlarga "-ty" qo'shimchasi qo'shiladi.

Tartib sonlar otlarning tartibini ifodalab keladi. Ingliz tilida tartib sonlarning o'zbek tilidagi "-inchi" qo'shimchasiga to'g'ri keluvchi qo'shimchasi "-th" hisoblanadi. Masalan: 5 th – 5 inchi. Faqatgina 1-, 2-, va 3- tartib sonlar quyidagicha yoziladi:

- 1 st (first – birinchi)
- 2 nd (second – ikkinchi)

- 3 rd (third – uchinchi)

Ravish *(Adverb)*

Ravish fe'l (ish-harakat)ning belgisini bildiradi hamda ish-harakat qanday usluda , qayday qilib bajarilganligini bildiradi.

Masalan:

He speaks English very fluently – U ingliz tilida juda ravon gapiradi . (" fluent "-"ravon". "fluently-ravon"(ravish))

They came in quietly – Ular sekin kirishdi. ("quietly" – sekin. Ish-harakat qanday sodir etilganligini bildiradi).

She drives the car very badly – U mashinani juda yomon haydaydi.

Ingliz tilida ravish fe'ldan keyin ishlatiladi. Ingliz tilidagi barcha sifatga ham "-ly" qo'shimchasini qo'shish orqali ravish yasalavermaydi.

Quyidagi 4 ta sifatga hech qachon ravish yasash uchun "-ly" qo'shimchasi qo'shilmaydi. Bu sifatlar ham ravish ham sifat o'rnida shakli o'zgarmasdan ishlatilaveradi.

FAST – TEZ;

He drives very fast – U juda tez haydaydi ("fast" – ravish).

HARD – QATTIQ, OG'IR;

They came very late – Ular juda kech kelishdi ("late" – ravish).

LATE – KECH;

They came very late – Ular juda kech kelishdi ("late" – ravish).

EARLY – ERTA.

You must come early – Siz erta (vaqtidan oldin) kelishingiz kerak.

They came very late – Ular juda kech kelishdi ("late" – ravish).

Bundan tashqari " GOOD " (yaxshi) sifatining ravish shakli " WELL " bo'ladi.

Tom plays tennis very well – Tom tennisni juda yaxshi o'ynaydi.

"WELL" so'zi har doim ravish vazifasida ishlatiladi, bu so'z faqatgina sog'lik ma'nosida sifat tarzida ishlatilishi mumkin.

My brother is not very well at the moment – Ayni vaqtda mening akam juda yaxshi emas (sog'lom emas).

Fe'l *(Verb)*

Fe'l (Verb) Fe'l har qanday til grammatikasida eng muhim o'rinni egallaydi. Fe'l – bu ish-harakatning nomidir. Demak, fe'l ish-harakatni ifodalaydi. Masalan, work – ishlamoq, speak – gapirmoq, listen – tinglamoq, learn – o'rganmoq.

Ingliz tilida fe'l ikki hil: to'g'ri fe'l va noto'g'ri fe'l. Biz to'g'ri va noto'g'ri fe'llarni ularning o'tgan zamon shakllarining yasalashiga qarab farqlashimiz mumkin. To'g'ri fe'llarning o'tgan zamon shaklini yasash uchun fe'lga "-ed" qo'shimchasi qo'shiladi.

Masalan: worked – ishlagan edi, listened – eshitgan edi.

Noto'g'ri fe'llarning o'tgan zamon shakli fe'l o'zagining o'zgarishi orqali, noto'g'ri fe'llar jadvalining ikkinchi ustuniga ko'ra yasaladi.

Masalan: speak-gapirmoq (hozirgi zamon) – spoke-gapirgan edi (o'tgan zamon), learn-o'rganmoq (hozirgi zamon) – learnt-o'rgangan edi (o'tgan zamon). Fe'l o'tgan zamonda tuslanganda, ya'ni unga qo'shimcha qo'shilganda yoki fe'l o'zagi o'zgarganda, fe'l infinitiv holatda bo'lmaydi. Fe'lning infinitiv holati haqida Infinitiv mavzusida o'qishingiz mumkin .

Bogʻlovchilar *(Conjunction)*

Bogʻlovchilar fikrlar va gapdagi grammatik boʻlaklarni oʻzaro bogʻlaydi. Gaplarni toʻgʻri tuzish va fikrlarni aniq ifodalash uchun bogʻlovchilarning turlarini bilish kerak. Hozirgi zamon ingliz tilidagi bogʻlovchilar uch turga boʻlinadi: teng bogʻlovchilar (coordinating conjunctions), juft bogʻlovchilar (correlative conjunctions), ergashtiruvchi bogʻlovchilar (subbordinating conjunctions).

Teng bogʻlovchilar

Teng bogʻlovchilar bir xil grammatik kategoriyadagi ikki va undan ortiq soʻz, ibora yoki gaplarni bogʻlaydi. And, but, or, nor, for, so, yet, and/or teng bogʻlovchilar hisoblanadi.

Eslatma: for, so va yet bogʻlovchilari gapda boshqa vazifalarda ham kelishi mumkin.

And bogʻlovchisi qoʻshish yoki qoʻshimcha qilishni ifodalaydi. Qoʻshishni ifodalaganda "-ga" qoʻshimchasi bilan, boshqa holatlarda "va", "bilan", "hamda" soʻzlari bilan oʻzbek tiliga tarjima qilinadi.

Two and four make six.

Ikkiga toʻrt (qoʻshilsa) olti boʻladi.

Rise and potatoes are common foods.

Guruch va kartoshka doimiy yemishlardir.

But ziddiyatni ifodalaydi va oʻzbek tiliga "ammo", "lekin", "biroq" soʻzlari bilan tarjima qilinadi.

Two and four make six, but two and three make five.

Ikkiga toʻrt olti boʻladi, lekin ikkiga uch besh boʻladi.

Many trees lose their leaves in winter, but evergreen trees do not.

Qishda ko'pchilik daraxtlar barglarini to'kadi, lekin doimiy yashil daraxtlar to'kmaydi.

Or tanlash yoki ajratishni ifodalaydi va o'zbek tiliga "yoki", "yo", "yohud" kabi bog'lovchilar vositasida tarjima qilinadi.

Two and four or five and one make six.

Ikkiga to'rt yoki birga besh olti bo'ladi.

Today travellers go by plane or by bus.

Bugun sayyohlar samolyot yoki avtobusda ketadilar.

They had enough money for eggs or bread, but not enough for both.

Ularda tuxum yoki non uchun yetarli pul bor edi, lekin ikkalasi uchun emas.

Nor bog'lovchisidan oldin not yoki neither keladi va o'zbek tiliga "na ..., na ..." tarzida o'giriladi.

They did not buy eggs, nor did they buy bread.

Ular na tuxum, na non sotib olishdi.

So natijani ifodalaydi va o'zbek tiliga "natijada", "shunday qilib", "shunday ekan" kabi so'zlar bilan tarjima qilinadi.

They did not have enough money to buy milk, so they bought only eggs and bread.

Ularda sut sotib olish uchun yetarli pul yo'q edi, natijada faqat tuxum bilan non sotib olishdi.

For sababni ifodalaydi va o'zbek tiliga "chunki", "uchun", "sababli", "boisdan" kabi so'zlar yoki "-dan" qo'shimchasi vositasida tarjima qilinadi.

They bought only eggs and bread, for they did not have enough money to buy milk.

Ular faqat tuxum va non sotib olishdi, chunki ularda sut sotib olish uchun yetarli pul yoʻq edi yoki sut sotib olish uchun pullari yoʻqligi uchun ular faqat tuxum bilan non sotib olishdi.

Yet ziddiyatni ifodalaydi va oʻzbek tiliga "lekin" va unga ma'nodosh bogʻlovchilar bilan tarjima qilinadi.

They bought eggs and bread, yet they forgot to buy milk.

Ular tuxum bilan non sotib olishdi, biroq sut sotib olishni unutishdi.

For va yet bogʻlovchilari ogʻzaki nutqda juda kam ishlatiladi, biroq rasmiy yozma nutqda ikkalasi ham koʻp qoʻllanadi. And/or bogʻlovchilari oʻzidan keyingi soʻzning avvalgi fikrga qoʻshimcha yoki ilova qilinganligini bildiradi. Ular rasmiy adabiy tilda ishlatilmaydi, ammo ilmiy uslubda teztez uchrab turadi:

Her letters are poorly typed. She needs a new typewriter and/or a new secretary.

Uning harflari juda yomon bosilgan. Unga yangi yozuv mashinkasi va/yoki yangi kotiba kerak.

The glassware is not clean. He needs a new dishwasher and/or better procedures.

Shisha idishlar toza emas. Unga yangi idish yuvish mashinasi kerak yoki ishni yaxshiroq bajarish kerak.

And bogʻlovchisi gap egasining boʻlaklarini bogʻlayotgan boʻlsa, fe'lni koʻplikda qoʻllash kerak.

The boys and their father are going together.

Bolalar va ularning otasi birga ketishyapti.

Or yoki nor gap egasi qismlarini bogʻlayotgan boʻlsa, kesim oʻziga yaqinroq turgan ega boʻlagi bilan moslashadi.

Neither the boys nor their father is going.

Na bolalar, na ularning otasi ketyapti.

Neither Father nor our uncle nor the boys are going.

Na otamiz, na amakimiz, na bolalar ketishyapti.

Teng bogʻlovchilar ikki bosh gapni bogʻlab kelganda bogʻlovchidan oldin vergul qoʻyiladi. Lekin teng bogʻlovchi ikki soʻzni, iborani yoki ergash gaplarni bogʻlab kelganda vergul qoʻyilmaydi.

They bought bread and milk, but they forgot to buy eggs.

Ular non sotib olishdi, lekin tuxum sotib olishni unutishdi.

They had enough money for eggs and bread or for eggs and milk.

Ularda tuxum bilan nonga yoki tuxum bilan sutga yetadigan pul bor edi.

Juft bogʻlovchilar Hozirgi zamon ingliz tilida ishlatiladigan juft bogʻlovchilar quyidagilardir: both . . . and va . . . (har) ikkalasi /ham . . . ham either . . . or yo . . . yo not only . . . but also nafaqat . . . balki . . . ham neither . . . nor na . . . na

Juft bogʻlovchilar teng turuvchi grammatik qurilmalardan keyin keladi.

Both the parents and the children enjoyed the program.

Ota-onalar ham, bolalar ham dasturni miriqib tamosho qildilar.

Neither the parents nor the children enjoyed the program.

Na ota-onalar, na bolalar dasturni miriqib tomosho qildilar.

Not only the parents but also the children enjoyed the program.

Nafaqat ota-onalar, balki bolalar ham dasturni miriqib tamosho qildilar. Either the parents or the children will attend, but not both.

Yo ota-onalar, yo bolalar qatnashadilar, lekin ikkovlari emas.

Ergashtiruvchi bogʻlovchilar

Ergashtiruvchi bogʻlovchilar tobe gaplardan oldin keladi. Bosh (mustaqil) gapdagi fikr tobe gap orqali izohlanishi yoki tushuntirilishi mumkin. Ravish ergash gaplar ergashtiruvchi bogʻlovchilar bilan kiritiladi. Ergashtiruvchi bogʻlovchilar teng bogʻlovchilardan koʻp jihatlari bilan farqlanadi:

1. Ergashtiruvchi bogʻlovchi bilan boshlanuvchi tobe gap alohida gap sifatida ajratilmaydi. Agar alohida gap sifatida tinish belgisi bilan ajratilsa, xato hisoblanadi. Mustaqil gap Mustaqil gap

The alarm clock rang. Mark got up. (Qoʻngʻiroqli) soat jiringladi.

Mark (uyqudan) turdi. Mark cooked breakfast. Mark ate breakfast. Mark nonushta tayyorladi. Mark nonushta qildi.

Bosh (mustaqil) gap Ergash (tobe) gap

When the alarm clock rang, Mark got up. Soat jiringlaganda Mark (uyqudan) turdi.

After Mark cooked breakfast, he ate it. Nonushtani tayyorlab boʻlgach, Mark uni yedi.

2. Baʼzi ergashtiruvchi bogʻlovchilar predloglar boʻlishi mumkin.

Bunday hollarda gapning qurilishiga qarang, keyin feʼlning qaysi shakli va qanday tinish belgisini qoʻyishni hal qiling.

Predlogli birikma Since my arrival here, I have made many friends. Bu yerga kelganimdan beri koʻp doʻstlar orttirdim.

Tobe gap Since I arrived here, I have made many friends.

Bu yerga kelganimdan beri koʻp doʻstlar orttirdim.

Because bogʻlovchisining predlog shakli because of boʻladi.

Bu shakllarni chalkashtirmaslik kerak.

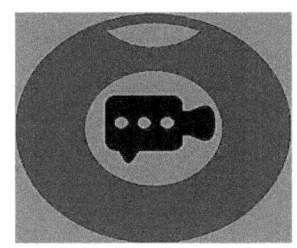

Predlogdan keyin ot, olmosh yoki otlashgan so'z (masalan, -ing qo'shimchali fe'l) keladi.

Because the alarm clock rang, Mark got up.

Soat jiringlagani uchin Mark uyg'ondi.

Because of the ringing of the alarm clock, Mark got up. Mark soatning jiringlashidan uyg'ondi .

So'z turkumlarini maxsus videolar yoradamida takrorlaymiz.

Video 1 and Video 2

4 – mavzu (4 – unit)

Artikl *(Article)*

1. Artikl otlar oldida ishlatiladigan maxsus so'zlardir. O'zbek tilida artikl mavjud emas. Artiklning alohida tarjimasi yo'q. Ot oldida artiklning ishlatilishi va ishlatilmasligining ahamiyati katta.

2. Ingliz tilida ikkita artikl bor: Noaniq artikl (The Indefinite Article) va aniq artikl (The Definite Article).

3. Noaniq artiklning ikkita shakli bor: a va an. An shakli unli tovushlar bilan boshlangan otlar oldida keladi: an opera, an apple, an hour. Qolgan hollarda artiklning a shakli ishlatiladi: a pen, a book, a student.

4. Aniq artiklning bitta shakli bor: the.

5. Noaniq artikl eski ingliz tilidagi ān (bir) so'zidan kelib chiqqan, shuning uchun ham u faqat birlikdagi otlar oldida ishlatiladi.

6. Aniq artikl eski ingliz tilidagi the (u, o'sha) ko'rsatish olmoshidan kelib chiqqan bo'lib, ba'zi hollarda hozir ham dastlabki ma'nosini saqlab qolgan.

7. Noaniq artikl ishlatilganda otning biror turga (sinfga) mansubligini bildiradi.

8. Aniq artikl otni boshqa shu turdagi otlardan ajratib ko'rsatganda ishlatiladi.

NOANIQ ARTIKL

• a va an birlikdagi ot oldida ishlatiladi. Ular "bitta" degan ma'noni anglatadi. • a odatda undosh bilan boshlanuvchi so'zlar oldida ishlatiladi. a boy, a bad day, a cat, a pencil.

• an odatda a, e, i va o unlilari bilan boshlanuvchi so'zlar oldida ishlatiladi. • an apartment, an angry man, an elephant, an empty room • Agar birlikdagi otdan oldin sifat kelsa, (masalan, small, old) a yoki an sifatning oldida keladi. I have a small apartment. Menda kichik kvartira bor. I live in an old building. Men eski binoda yashayman.

• U harfi bilan boshlanuvchi so'zlarda: (1) Agar u unli bo'lib kelsa, an ishlatiladi: an umbrella, an uncle, an unusual day. (2) Agar u undosh bo'lib kelsa, a ishlatiladi: a university, a unit, a usual event.

• H harfi bilan boshlanuvchi so'zlarda: (1) Agar h talaffuz qilinmasa, an ishlatiladi: an hour, an honor, an honest person (2) Agar h talaffuz qilinsa, a ishlatiladi: a holiday, a hotel, a high point. He will arrive in an hoor. U bir soatda qaytadi. New Year's Day is a holiday. Yangi yil kuni bayram.

ANIQ ARTIKL

Aniq artikl (The Definite article) – the – that (o'sha) ko'rsatish olmoshidan kelib chiqqan. U birlik va ko'plikdagi donalab sanaladigan hamda donalab sanalmaydigan otlar oldidan ishlatiladi.

• Nomlar bilan THE artiklining ishlatilishi va ishlatilmasligi: THE unvonlar nomi bilan ishlatilmaydi. Noto'g'ri: The President Ruslan has been in the news Geografik nomlar bilan artiklning ishlatilishi: Geografik nomlar bilan artiklning ishlatilishi ma'lum qoidalarga ega. Masalan, aniq artikl daryolarning nomi bilan ishlatilgan bir paytda ko'llar nomi oldidan qo'yilmaydi. Bitta tog' (yoki bitta orol)ning nomi artiklsiz ishlatilsa, tog'lar tizmasi nomi oldidan, albatta, aniq artikl qo'yilishi shart. Qit'a va geografik joylar THE ARTIKLI ISHLATILMAYDI:

America, North America, South America, Latin America, Europe, Asia, Africa, Australia, Antarctica; Northern Africa, Eastern Europe, Western Europe, Central Europe, Central America, Southern Asia, South Asia, Southeast Asia. THE ARTIKLI ISHLATILADI: the Western Hemisphere, the Eastern Hemisphere, the Arctic, the Antarctic, theNorth, the East, the Southwest, the Far East, the Middle East, the North Pole. Okean, Dengiz, daryo, kanal, sharshara, ko'l nomi oldidan the artikli ishlatilishi va ishlatilmasligi: THE ARTIKLI ISHLATILADI:

the Atlantic Ocean, the Pacific Ocean, the Arctic Ocean, the Indian Ocean;theMediterranean Sea, the Baltic Sea, the Black Sea, the Caspian Sea; the Amazon, theMississippi, the Nile, the Volga, the Amu Darya; the Panama Canal, the Suez Canal, the English Channel, the Victoria Falls, the Niagara Falls, the American Falls, the Canadian falls THE ARTIKLI ISHLATILMAYDI:

Lake Baikal, Lake Ontario, Lake Michigan, Lake Geneve, Crater Lake; biroq:the great Salt Lake, the Great Lakes. Orollar THE ARTIKLI ISHLATILADI:

the British Isles, the West Indies, the Kuril Islands, the Bahama Islands, the Azores, the Canary Islands, the Philippines. Tog', Vulqon, Tepalik nomlari oldidan THE ARTIKLI ISHLATILMAYDI:

Everest, Fuji, Kilimanjaro, Elbrus, Mount Whitney. Capitol Hill, Telegraph Hill THE ARTIKLI ISHLATILADI:

the Himalayas, the Rocky Mountains, the Caucasus, the Ural Mountains, thePaamirs, the Andes, the Alps.the Black Hills, the Berkshire Hills. Cho'l, vodiy nomlari oldidan THE ARTIKLI ISHLATILADI:

the Sahara, the Kalahari Desert, the Arabian Desert, the Kara Kum the Ruhr Valley, the Nile Valley, the Central Valley, the Valley of the Kings Biroq: Death Valley, Silicon Valley. Yarimorol, burun THE ARTIKLI ISHLATILADI:

the Kamchatka Peninsula, the Indochinese Peninsula, the Balkan Peninsula, theIberian Peninsula. Biroq: Kamchatka, Indochina. THE ARTIKLI ISHLATILMAYDI:

Cape Horn, North Cape, Cape Canaveral, Cape Chelyuskin. Mamlakat, davlat, shtat nomlari oldidan THE ARTIKLI ISHLATILMAYDI:

England, Great Britain, Ireland, Holland, France, Denmark, Belgium, Spain, Luxembourg, Switzerland, Germany, Poland, Russia, Hungary, Greece, America, Canada, Mexico, Australia, New Zeland, Saudi Arabia, Israel, Egypt, Morocco, Iran, Turkey, UZBEKISTAN. THE ARTIKLI ISHLATILADI:

the United States of America, the United Kingdom, the Russian Federation, the Netherlands, the Philippines, the Federal Republic of Germany, the Republic of Cuba, the Kingdom of Denmark, the Kingdom of Spain, the State of California. Shaxar nomlari oldidan THE ARTIKLI ISHLATILMAYDI:

Amsterdam, Barcelona, Berlin, Cairo, Delhi, Lisbon, London, Los Angeles, Madrid, Moscow, New York, Tennessee, Ohio, Texas, Tashkent, Rome.

Biroq: the Hague. THE ARTIKLI ISHLATILADI:

the City of Athens, the City of Moscow, the City of New York, the City of Oslo, the City of Tokyo Ko'cha, prospekt, yo'l nomlari oldidan THE ARTIKLI ISHLATILMAYDI:

Main Street, Wall Street, 42nd street, Oak Alley, maple Boulevard, Fifth Avenue, Sixth Avenue, Lexington Road, Highway 66

Biroq: the Arbat, the Mall

Artikl mavzusini audio yordamida mustahkamlaymiz

Audio 1

5 – mavzu (5 – unit)

Zamonlar *(Tenses)*

Ingliz tilidagi asosiy zamonlar soni 12ta bo'lib Ular:

1. Present simple tense;

2. Past simple tense;

3. Future simple tense;

4. Present simple continious;

5. Past simple continious;

6. Present future continious;

7. Present perfect;

8. Past perfect;

9. Future perfect;

10. Present perfect continious;

11. Past perfect continious;

12-bölib Future perfect continuous

PRESENT PERFECT. Bu zamon o'zbek tiliga "hozirgi tugallangan zamon", deb tarjima qilinadi. Present prefect zamonida ish harakat tugagan, ammo o'sha ish-harakat natijasiga bog'liq bo'lgan, yoki natija sababli yuzagan kelgan holat vaqti tugamagan bo'ladi. Qisqa qilib, ish harakat tugaydi, ammo vaqti tugamaydi, deyishimiz mumkin. Buni misollarda ko'ramiz:

I have bought a new car – Men yangi mashina sotib oldim (Sotib olganlish ish-harakatim tugab bo'ldi, ammo uning natijasi – menda yangi mashinaning borligi vaqti hali tugagani yo'q, menda hali ham o'sha mashina bor!).

They have had dinner – Ular tushlik qildi (Ovqatlanish, tushlik qilish ish-harakati tugadi, ammo uning natijasidagi to'qlik, ochlikning mavjud emasligi holati hali tugagani yo'q. Natijaning vaqti hozirda ham mavjud).

He has cleaned his shoes – U oyoq kiyimlarini tozaladi (Tozalash jarayoni, ish-harakati allaqachon nihoyasiga yetib bo'ldi, ammo uning natijasida kelib chiqqan oyoq kiyimlarning tozaligi hozirda ham mavjud. Uning oyoq kiyimlari hozir ham toza).

Endi yuqoridagi gaplarni Past Simple (O'tgan oddiy zamon)dan qanday farqlash mumkinligini ko'ramiz. O'tgan oddiy zamonda ham huddi hozirgi tugallangan zamonda bo'lgani kabi, ish-harakat to'liq tugallangan bo'ladi. Ammo birgina farqi – o'tgan oddiy zamonda ish-harakat ham, u bajarilgan yoki keltirib chiqargan natijasining vaqti ham tugagan bo'ladi. Bunday gaplarda odatda ish-harakat bajarib tugatilgan vaqt ko'rsatiladi. Quyidagi misollarga qarang:

I bought a car yesterday – Men kecha mashina sotib oldim (Mening mashina sotib olish ish-harakatim kecha tugadi, men bu gapda natijani, menda mashina borligini emas, ko'proq mashina sotib olganligimni ta'kidlayapman. Ish-harakat bajarilgan vaqt, "yesterday" ko'rsatilgan).

They had dinner at 7 o'clock – Ular soat 7 da tushlik qilishdi (Ularning tushlik qilish ish-harakati soat yettida bajarib, tugatildi. Bo'ldi, u vaqt o'tib ketdi! Biz ularning tushlik qilishi natijasida hosil bo'lgan to'qlik hissi haqida gapirmayapmiz, balki tushlik qilish ish-harakati haqida gapirayapmiz. Bu ish-harakat esa soat yettida bajarib, to'liq tugallanib bo'ldi).

He cleaned his shoes 15 minutes ago – U 15 daqiqa avval oyoq kiyimlarini tozaladi (Biz bu gapda uning oyoq kiyimlari qanchalik toza, yoki tozalash ish-harakatidan keyin oyoq kiyimlarda paydo bo'lgan natija haqida gapirmayapmiz. Biz o'sha oyoq kiyimlarning tozalash jarayonini, bajarilgan ish-harakatning o'zini hisobga olib, uning 15 daqiqa avval bajarilib, to'liq tugaganligiga urg'u berayapmiz).

PRESENT PERFECT zamonining natijadan tashqari yana bitta, "butun umri davomida" degan ma'nosi ham bor. Bunday gaplarda yana natijaga e'tibor beriladi, ammo bu natijaning butun umri davomida bajarilgan, bajarilmagan, yoki bir necha bor bajarilganligiga ahamiyat beriladi. Mana misollar:

I have been to London – Men Londonda bo'lganman (Umrim davomida, qachonligining ahamiyati yo'q, tug'ilganimdan to hozirga qadar men London shahrida bo'lib qaytganman. Bu natija butun umrga tatigulik voqea sifatida e'tirof etilayapti).

They have not seen this film – Ular bu filmni ko'rmagan (Hozirga qadar ularning umrlarida bu filmni ko'rish tajribasi mavjud emas).

Has he ever ridden a horse? – U biror marta otga minganmi? (Uning umri davomida, hozirga qadar otga minish tajribasi bormi?).

PRESENT PERFECT CONTINUOUS zamoni o'zbek tiliga "<u>Hozirgi tugallangan davomli zamon</u>", deb tarjima qilinishi mumkin. Bu zamonda yuqorida o'rgangan Present perfect zamoni haqidagi bilimimiz kerak bo'ladi. Bu ham hozirgi tugallangan zamon, faqat bitta farqi – u "continuous", ya'ni "davomli", davom etib turadigan. Bunda ham o'tgan zamonda qaysidir ish-harakat bajarib tugatilgan bo'ladi va uning natijasida kelib chiqqan holat, uning natijasi hozirda ham mavjud bo'ladi. Ammo bu natija shunchaki mavjud bo'lib qolmasdan, davom etib turadi. Present Perfect Continuous zamoni natijasi davom etib turar ekan, demak u <u>doimiy emas</u>, balki <u>vaqtincha natija</u> hisoblanadi. Vaqtincha natija, degan iborani qanday tushunish kerak? Bunda natija ma'lum bir oz vaqt davom etadi va tugaydi, butkul yo'q bo'lib ketadi.

<u>Present Perfect Continuous zamoni</u>dagi gaplarning yasalish formulasi ham zamon nomiga to'liq mos tushadi. Qarang:

EGA + HAVE/HAS + BEEN + FE'L + ING

Yuqoridagi yasalish formulasining EGA+HAVE/HAS+BEEN (ya'ni, TO BE fe'lining sifatdosh 2, past participle shakli) qismi <u>Hozirgi tugallangan zamonga</u> tegishli.

Formulaning BEEN (TO BE fe'lining shakli)+FE'L+ING qismi esa <u>hozirgi davomli zamon</u>ning yasalishiga tegishli. Bu qism ish-harakatning davom etib turganligini bildirish uchun ishlatiladi.

Endi vaqtincha davom etib turib, keyin yo'qolib ketadigan natijaga ega bo'lgan ish-harakatlarni ifodalovchi gaplarga misollarni ko'rib o'tamiz:

He's out of breath. He has been running – U tez-tez nafas olayapti. U yugurgan (Uning yugurganligi natijasi hozir ko'z o'ngimizda ko'rinib turibdi, ammo bu natija doimiy emas, u bir oz vaqt o'tirib, dam olsa bu natija, ya'ni uning tez-tez nafas olayotganlik holati butkul yo'qolib ketadi).

There's water on the ground. It has been raining – Yerda suv bor. Yomg'ir yog'ibdi (Yerdagi suv, yomg'ir yog'ib o'tib ketganligining natijasi. Ammo bu doimiy natija emas, balki quyosh chiqib turganda bir oz vaqtdan so'ng yerdagi suv batamom qurib, yo'q bo'lib ketadi).

There is smoke in the room. Somebody has been smoking – Xonada tutun bor. Kimdir chekibdi (Kimdir allaqachon chekib bo'lgan va bu ish-harakatning natijasi, tutun hozirda davom etib turibdi. Bu vaqtincha natija hisoblanadi, chunki derazalarni ochsak, bir ozdan so'ng tutun xonadan butkul yo'qolib ketadi.

<u>Hozirgi tugallangan davomli zamon</u>ning yana bitta ma'nosiga "o'tgan zamondan to hozirga qadar uzluksiz, yoki an'anaviy tarzda bajarilib kelinadigan ish harakatlarga nisbatan ishlatiladi", deb ta'rif berishimiz mumkin. Bu ta'rifni ikki hil davomiylikda bajariladigan ishlarga nisbatan, deb tushunish kerak.

Birinchidan, ish-harakat o'tgan zamondan to hozirga qadar hech bir uzulishsiz davom etib kelayotgan bo'lishi mumkin. Masalan: **I have been doing my homework since 5 o'clock** – Men uyga vazifamni soat 5 dan beri bajarayapman (Ish-harakat hozir ham bajarilayapti va u boshlangandan to hozirga qadar bajarilishdan bir daqiqa ham to'xtatilmagan).

Ikkinchidan, oraliq uzulishlar bo'lgan bo'lsa ham, an'anaviy tarzda bajarilib kelinayotgan ish-harakatlarga nisbatan ishlatiladi. Masalan: **My uncle has been smoking for 7 years** – Mening amakim 7 yildan beri chekadi (Bu degani, amakim 7 yil davomida chekmagan bo'lgan vaqtlari bor, masalan, u kishi dush qabul qilayotganda, ovqatlanayotganda yoki uxlayotganda sigaret chekmasdi, • ammo shunga qaramasdan bu ish-harakat, ya'ni chekish a'nanaviy tarzda hozirga qadar uzluksiz davom etib kelayapti).

PAST PERFECT o'zbek tilida "<u>O'tgan tugallangan zamon</u>", deb yuritiladi. Bu zamon yuqorida tushuntirib o'tilgan <u>hozirgi tugallangan zamon</u> ma'nosidek ma'no anglatadi, faqat birgina farqi – o'tgan zamonda. Ta'rifi: O'tgan tugallangan zamon o'tgan zamondagi ma'lum bir ish-harakatgacha bajarib tugatilgan va natijasi o'sha o'tgan zamonda ko'rinib turgan ish-harakatga nisbatan ishlatiladi. Buni qanday tushunish mumkin? Qarang:

Tom had left when I came to the party – Men bazmga kelganimda Tom ketgan ekan (Men bazmga o'tgan zamonda bordim, ammo borganimda Tom allaqachon, men borishimdan oldin ketgan ekan. Ish-harakat men borishimdan oldin bajarib tugatilib, men borganimda natijasi ko'rinib turgandi. Ya'ni, Tom u yerda yo'q edi).

Before he came to London, he had sold his car – Londonga kelishidan avval u mashinasini sotdi (U Londonga kelishi o'tgan zamondagi ish-harakat edi, ammo shu ish-harakat sodir bo'lishidan avval u mashinasini sotish ish-harakatini yakunladi. Mashinasini sotganligi u Londonga borganida bajarib tugatilib, natijasi ko'rinib turgandi, ya'ni uning mashinasi yo'q edi).

PAST PERFECT CONTINUOUS (O'tgan tugallangan davomli zamon) biz yuqorida ko'rib o'tgan hozirgi tugallangan davomli zamonning har ikkala ma'nosini o'tgan zamonda ifodalaydi. Ya'ni, birinchidan, o'tgan zamondagi biror ish-harakatdan oldin bajarib tugatilib, vaqtincha natijasi o'sha o'tgan zamonda davom etib turgan ish harakatni ifodalaydi. Masalan:

There was smoke in the room. Somebody had been smoking – Xonada tutun bor <u>edi.</u> Kimdir chekkan <u>edi.</u>

Ikkinchidan, o'tgan zamondagi biror ish-harakatgacha uzluksiz, yoki an'anaviy tarzda davom etib kelgan ish harakatlarni ifodalaydi. Yana yuqoridagi hozirgi tugallangan davomli zamon misollarini o'tgan zamonga o'giramiz:

He was out of breath. He had been running – U tez-tez nafas olayotgandi. U yugurib kelgandi (Uning tez-tez nafas olishi – o'tgan zamondagi bir ish-harakat. Uning yugurib kelganligi esa o'sha o'tgan zamondagi ish-harakatdan oldin <u>uzluksiz tarzda</u> bajarib kelingan ish-harakat hisoblanadi).

My uncle had lung cancer. He had been smoking for 7 years – Mening amakimda o'pka saratoni kasalligi bor edi. U 7 yildan beri chekayotgan edi

(Kasallikning bo'lgani – o'tgan zamondagi ish-harakat. Amakisining 7 yildan beri chekishi esa o'sha kasallik bo'lganiga qadar an'anaviy tarzda davom etib kelgan ish-harakat hisoblanadi).

FUTURE PERFECT (KELASI TUGALLANGAN ZAMON) kelasi zamonda ma'lum bir vaqtda biror ish harakatning bajarib tugatilgan bo'lishi va tugatilgan ish natijasi kelasi zamondagi o'sha vaqtda ko'rinib turishini anglatadi. Masalan:

I will have cleaned the room by the time you come home – Siz uyga kelguningizcha men xonani tozalab bo'lgan bo'laman (Siz kelasi zamonda uyga kelasiz va Siz kelganingizda men xonani tozalab qo'ygan bo'laman. Kelganingizda, kelasi zamonda, ishimning natijasi ko'rinib turgan bo'ladi, ya'ni kelasi zamonda xona toza bo'lib turgan bo'ladi).

FUTURE PREFECT CONTINUOUS (KELASI TUGALLANGAN DAVOMLI ZAMON) yuqorida aytib o'tilgan HOZIRGI TUGALLANGAN DAVOMLI ZAMON ma'nosiga o'xshash. KELASI TUGALLANGAN DAVOMLI ZAMON kelasi zamondagi ma'lum bir ish-harakatgacha qaysidir bir ish-harakatning uzluksiz yoki an'anaviy tarzda davom etib kelayotganligini bildiradi. Masalan:

I will have been doing my homework when you come home tonight – Bugun kechqurun uyga kelganingizda men uyga vazifamni bajarayotgan bo'laman (Sizning uyga kelishingiz bugun kechqurun, ya'ni kelasi zamondagi bir ish harakat. Mening uyga vazifamni bajarayotgan bo'lishim esa o'sha kelasi zamondagi ish-harakatgacha uzluksiz davom etib turadigan ish-harakat).

Zamonlarni video yordamida mustahkamlaymiz.

Video 3

6 – mavzu (6 – unit)

Istak / shart gaplar *(wish / if sentences)*

If-agar degan ma'noni bildirib, shart ergash gaplarni hosil qilishda ishlatiladi. Hozirgi zamon uchun If li qism present simpleda bosh gap esa, future simpleda bo'ladi.

Masalan: If I find it, I'll give it to you.

Ingliz tilida shartli gaplar (**shart ergash gaplar**) alohida mavzu sifatida o'tiladi. Biz ularni oddiy til bilan if'li gaplar deymiz, chunki bu gaplarda har doim **if... - agar...** deb boshlanadigan gap bo'ladi.

• **if** bog'lovchisi qatnashgan shartli gaplarni guruhlarga bo'lib o'rganish tavsiya qilinadi. Qavs ichida bu gaplarning **real** *(haqiqatga to'g'ri keladigan)* va **noreal** *(haqiqatga to'g'ri kelmaydigan)* vaziyatlar uchun qo'llanishi berilgan.

1 **First Conditional (real)**
2 **Second Conditional** (unreal)
3 **Third Conditional** (unreal)
4 **Zero Conditional (real)**
5 **Mixed Conditional** (usually unreal)
6 **Implied Conditional** (real/unreal)
7 **wish gaplar** (unreal)
8 **If only kelgan gaplar** (unreal)

▪**Misollar:**

If it **doesn't rain**, we **will go** on a picnic. *(Agar yomg'ir yog'masa, biz sayrga chiqamiz - real, bo'lishi mumkin bo'lgan ish-harakat)*

If we **had** more money, we **would go out** more often. *(Agar bizning pulimiz ko'p bo'lganida, biz aylanishga tez-tez chiqardik - noreal vaziyat, ya'ni hozir bizning pulimiz ko'p emas)*

Shart ergash gaplar ikkita qismdan tashkil topadi: **asosiy gap va if qatnashgan gap.** Tilshunoslik atamalari bilan ifoda qiladigan bo'lsak, bunday gaplarda if qatnashgan gap - **ergash gap**, asosiy ish-harakat ifodalangan gap - **hokim gap** deb yuritiladi.

If Sharon **passes** the exam *(ergash gap)*, she **will be admitted** to the university *(hokim gap)*.

Wish ishtirok etgan gaplarda so'zlovchi hozirgi holatning boshqacha bo'lishini xohlaydi. Shuning uchun ham gapdagi "wish" so'zini "qani edi…" deb tarjima qilamiz. Bunday gaplarda berilgan mazmun haqiqatga to'g'ri kelmaydigan bo'ladi, shuning uchun hozirgi va kelasi zamondagi ish-harakatlarni ifodalash uchun o'tgan zamon ishlatiladi.

"Wish"li gaplarni asosiy uchta zamonga ajratib o'rganib chiqamiz:

1. Hozirgi zamon. Wish ishtirok etgan gaplar noreal, haqiqatga to'g'ri kelmaydigan bo'lganligi uchun, bu gaplarda ifodalangan hozirgi zamon ish-harakatlarini o'tgan noaniq zamon asosida tasvirlaymiz.

Masalan, mana bu gapga e'tibor bering: I wish I were in London now – Qani edi, hozir Londonda bo'lganimda edi. So'zlovchi hozir Londonda emas, shuning uchun bu gapdagi ish-harakat (ya'ni Londonda bo'lish) – imkonsiz!

Shuning uchun ham "BE" (bo'lmoq) o'tgan noaniq zamonda ifodalanayapti.

2. O'tgan zamon. Hozirgi zamon (yuqoridagi gapda) o'tgan zamon bilan ifodalangan edi. Endi o'tgan zamonning o'zi o'tgan tugallangan zamon bilan ifodalanadi. Mana bu gapga qarang: I wish I had gone to the cinema yesterday – Qani edi, kecha kinoteatrgaborganimda edi.

So'zlovchi kecha kinoga bormagan, endi hozir afsuslanib, kecha borganida yaxshi bo'lishini nazarda tutib gapirayapti. O'tgan zamondagi ish-harakat (had gone) o'tgan tugallangan zamon bilan ifodalangan.

3. Kelasi zamon. Wish ishtirokidagi noreal gaplarda kelasi zamonni ifodalash uchun "will" yordamchi fe'lining o'tgan zamon shakli "would"dan foydalanamiz. E'tibor bering: I wish I would go to London next year – Qani edi, kelasi yil men Londongaborganimda edi.

So'zlovchi bu gap bilan kelasi yil o'zining Londonga bora olishini imkonsiz, deb hisoblaydi.

Noreal gap bo'lganligi sababli kelasi zamondagi sodir etilishi ehtimoli bo'lmagan ish-harakat (would go) o'tgan zamondagi kelasi zamon bilan ifodalanayapti. BUNDAN TASHQARI…

Yuqorida ta'kidlab o'tilgan kelasi zamondagi noreal gaplarni ifodalashda ishlatilgan "wish… would…" qurilmasidagi gaplar hozirgi yoki kelasi zamondagi NOROZILIK, QARSHILIK va SHIKOYATga nisbatan ham ishlatilishi mumkin.

Masalan: I wish you would stop making so much noice – Qani edi siz ko'p shovqin qilmasangiz. Men hozir yoki kelajakda (bundan keyin) sizning shovqin qilishingizga QARSHIMAN va shovqin qilayotganligingizdan SHIKOYAT qilayapman.

I wish I wouldn't sleep so much – Qani edi men bunchalik ko'p uxlamaganimda.

Kishi o'zidan norozi bo'lgan holda ham bu turdagi gaplarni aytishi mumkin.

Hafta kunlari *(Days of the week)*

Audio 2

Monday (monde)- dushanba

Tuesday (tyuzde)- seshanba

Wednesday (uenzde)-chorshanba

Thursday (tsezde)-payshanba

Friday (frayde)- juma

Saturday (setude)- shanba

Sunday (sande)- yakshanba

7– mavzu (7 – unit)

Ko'chirma va o'zlashtirma gap *(Direct and Indirect speech)*

Ko'chirma gap o'zlashtirma gapda aylantirilganda, gapning tuzilishi quyidagicha o'zgaradi:

I. Kishilik va egalik olmoshlari gapning ma 'nosiga qarab, shaxslarda o'zgaradi. Bosh gapning kesimi hozirgi zamonda bo'lsa, ergash gapning kesimi zamonninio'zgartirrnaydi.

Masalan:

He says, "I want to go home ". He says that he wants to go home.

She says, "I'll be a doctor". She says that she will be a doctor.

II. Agar bosh gapning kesimi o'tgan zamonda bo'lsa, ergash gapning kesimi o'tgan zamonlardan biriga bo'lib, bir zamon orqada beriladi.

Masalan:

They said, " We shall come soon ".

They said that they would come soon.

He said, "I wrote a letter to my friend".

He said that he had written a letter to his friend.

I said, "I am a doctor ".

I said that I was a doctor.

Agar bosh gapning kesimi o'tgan zamonda bo'lsa. Ko'chirma gapdagi payt holi va ko'rsatish olmoshlari quyidagi o'zgaradi. Masalan:

now — then

today - that day

here - there

this - that

these - those

ago - before

yesterday - the day before

tomorrow - next day She said, "I am busy now ". She said that she was busy then III. Umumiy so'roq gaplar o'zlashtirilganda if yoki whether bo'glovchilariyordamida so'roq ma 'nosi ifodalanadi:

He asks me, "Are you busy? ".

He asks me if I am busy. I asked her, "Will you help me? ". I asked her if she would help me.

IV. Ko'chirma gapda maxsus so'roq gap bo'lsa, undagi so'roq so'zlar o'zlashtirma gapda saqlanib qolinib, so'roq so'zidan keyin gap darak gap shaklida bo'ladi.

Masalan:

She asked me, "When will you be at home? ".

She asked me when I should be at home.

I asked him, " Where are you going? "

I asked him where he was going.

V. Ko'chirma gapdagi buyruq, iltimos yoki taqiqlash ma'nosidagi fe'l o'zlashtirilganda. O'zlashtirma gapda fe'l infinitiv shaklida bo'ladi:

She said to me, "Don't smoke!" She asked me not to smoke.

yoki She ordered me not to smoke.

Ko'chirma va o'zlashtirma gap mavzusini audio 3 va video 4 yordamida mustahkamlaymiz

8 – mavzu (8 – unit)

Modal fe`llar *(Modal verbs)*

Ingliz tilida modallik (ish-harakatga munosabat) ma'nosini ifodalovchi maxsus fe'llar mavjud. Modallik ma'nosi deyilganda asosan majbur etish, zaruriyat, ruxsat, taxmin kabilar tushuniladi. Modal fe'llar o'zlari mustaqil ishlatilmay, boshqa fe'llarga qo'shilib keladi.

Can mumkinlik, layoqat, qobiliyat, imkoniyat kabilarni ifodalaydi.

Who can speak English? Kim inglizcha gapira oladi?

Can modal fe'linig ekvivalenti **be able to** modal fe'lidir.

He is not able to translate this text. U bu matnni tarjima qila olmaydi. (tarjima qilishga qodir emas)

May mumkinlik, ijozat, faraz qilish kabilarni ifodalaydi.

May I come in? Kirsam maylimi? (Mumkinmi?)

May modal fe'lining ekvivalenti sifatida **be allowed to** ishlatiladi.

Then he was allowed to come in. Keyin unga kirishga ruxsat berildi.

Must va sh o u ld modal fe'llari majburiylik, zaruriyat kabilarni ifodalaydi. You must do as I told you. Siz men aytganimdek qilishingiz kerak.

The windows are dirty. I must clean them. Derazalar iflos. Ularni artishim kerak.

You should go and see this film. It's very interesting. Siz, albatta, borib bu filmni ko'rishingiz kerak. U juda qiziqarli.

I must do it now. I can't leave it till tomorrow. Men buni hozir qilishim kerak. Uni ertaga qoldira olmayman.

Must modal fe'li bilan tuzilgan savolga inkor javob qaytarilganda **needn't (=need not)** ishlatiladi.

Must I do it now? Shuni hozir qilishim shartmi?

No, you needn't (do it now). Yo'q, (hozir qilishing) shart emas.

Agar nima qilishingiz haqida ko'rsatma olmoqchi bo'lsangiz shall fe'lini qo'llang.

Shall I repeat the sentences? Gapni qaytarishim kerakmi?

Must modal fe'li inkor shaklda qat'iyan man qilishni ifodalaydi.

You mustn't do that. Bunday qilmasliging kerak.

You mustn't play with matches. Gugurt o'ynamasliging kerak .

You mustn't be late. Kechikmasligingiz kerak.

Must modal fe'lining o'tgan zamon shakli mavjud emas. O'tgan zamonda unga ma'nodosh bo'la oladigan **have to** yoki **have got to** ishlatilishi mumkin.

I can't go with you now, I have to (have got to) do my homework. Men hozir sizlar bilan keta olmayman, uy vazifamni tayyorlashim kerak.

There was no bus in the street and we had to walk home. Ko'chada birorta avtobus yo'q edi va biz uyga piyoda ketishga majbur bo'ldik.

Have to modal fe'lining so'roq shakli egadan oldin **do / does / did** yordamchi fe'lini qo'llash orqali ifodalanadi.

When do I have to do it? (=When I have got to do it?) Men buni qachon qilishim kerak?

Inkor gaplarda do not (**don 't**) / does not (**doesn 't**) / did not (**did n 't**) ishlatiladi.

You don't have to stay. Qolishingiz shart emas.

They didn't have to wait long. Ko'p kutishlariga to'g'ri kelmadi.

Hozirgi zamonda inkorni **haven 't got / hasn 't got** tarzida ham ifodalash mumkin.

You haven't got to stay. Sizning qolishingiz shart emas.

Have to o'tgan va kelasi zamonlarda ham qo'llanishi mumkin.

It was too late and we had got to walk home. Juda kech bo'lgan edi va biz uyga piyoda ketishga majbur bo'ldik.

I'll have to do this work tomorrow. Bu ishni ertaga qilishimga to'g'ri keladi.

Should modal fe'li ko'proq maslahat va nasihat ma'nosida qo'llanadi.

You should see a doctor. Sen shifokorga uchrashishing kerak.

He shouldn't work so hard. U bunchalik qattiq ishlamasligi kerak.

Be to oldindan kelishilganlikni ifodalaydi.

We are to start tomorrow. Biz ertaga jo'nab ketishimiz kerak. (shunday kelishganmiz)

The students are to come at two o'clock. Talabalar soat ikkida kelishlari kerak.

Need modallik ma'nosini asosan so'roq va bo'lishsiz gaplarda ifodalab keladi.

You needn't go there. U yerga borishingiz kerak emas.

Dare botinish va jur'at etishni ifodalaydi. I dare not to ask him to come here. Undan bu yerga kelishni iltimos qilishga botina olmadim .

Modal verbs mavzusini video 5 yordamida mustahkamlaymiz.

9 – mavzu (9 – unit)

Predloglar *(Prepositions)*

Predloglar qisqa so`zlar bo`lib, odatda ot oldidan ishlatiladi. Predloglar joy, vaqt, yo'nalishni ifodalashi mumkin:

1. Asosiy joyni ifodalaydigan predloglar:

on – ustida;

in – ichida;

at – yonida;

near – yaqinida;

over – ustida;

under – tagida;

between – orasida;

among – orasida;

behind – orqasida;

across – orqali;

in front of – oldida;

through – orqali.

2. *Yo'nalishni ifodalaydigan predloglar:*

to – ga;

towards – ga qarab;

from – dan;

into – ichiga;

out of – tashqariga;

off – dan;

3 *Vaqtni ifodalaydigan predloglar:*

by – gacha;

till – gacha;

from … till – dan … gacha;

since – dan beri;

for – davomida;

on – soat aytishda(da);

in – da(oy, yil…);

during – davomida;

before – gacha;

after – keyin;

between – orasida.

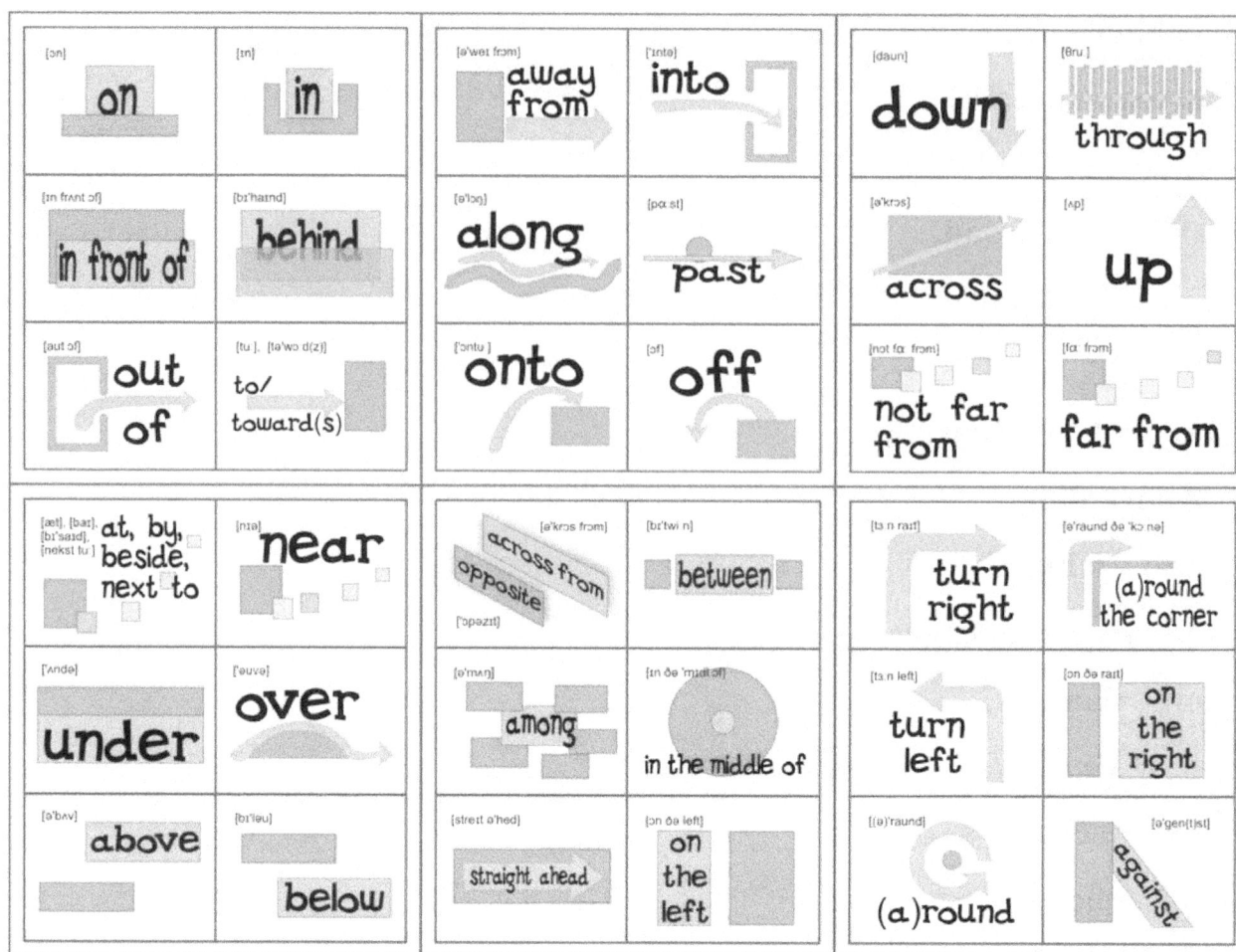

About
1. Haqida: This is a story about elephants.
2. Taxminan: He is about ten years old.

Above
1. Ustida, yuqorisida: The plane flew above the clouds.
2. Avvalroq, ilgari: There is a heading above each diagram.
3-dan yuqori: The temperature is above 40 degrees.

Across

1. Orqali, orasidan: We walked across the field.
2. Narigi tarafida: There is a store across the street.

After
1. …dan keyin: after ten o'clock; after lunch, Q comes after P in the alphabet.
2. Orqasidan: The dog ran after the cat.

Against
1. –ga qarshi: Theft is against the law.
2. –ga (tirab, tayab): I leaned my bicycle against the wall.

Along
1. Yoqalab: We walked along the road.

Among
1. Orasida, o'rtasida: The money was shared among three people.

Around
1. Atrofida: We walked around the block.
2. Aylanasiga: There is a fence around the garden.
3. Orqaga: We turned around and went back home.
5. Taxminan, atrofida: He is around six feet tall.

At
1. (biror joy) -da: at 23 Chestnut Street; at the park
2. (biror vaqt) -da: at 5 o'clock; at Christmas, at dawn
3. (biror holat) -da: at peace; at war; at rest
4. (biror ish-xarakat) -da: at work; at school; at play
5. Tomonga: Look at someone; wave at someone

Before
1. –dan oldin/avval: before two o'clock; before Christmas; S comes before T in the alphabet.

Behind
1. –ning orqasiga: The little girl hid behind her mother.
2. Kech: I am behind in my work.
3. Quvvatlash, ortida turish: Who was behind that idea?

Below
1. Ostida, -dan past: below freezing; below sea level; Footnotes are provided below the text.

Beneath

1. Ostida: beneath the earth

Beside
1. Yonida, yonma-yon: I sit beside her in class.

Besides
1. –dan tashqari: We study other languages besides English.

Between
1. (biror joy) o'rtasida: Toronto lies between Montreal and Vancouver.
2. (biror vaqt) o'rtasida: between Christmas and New Year's Day
3. (biror shaxs yoki narsa) o'rtasida: B comes between A and C in the alphabet. The money was shared between two people.
4. Orasida: between five and ten people

Beyond
1. Narigi tarafida, -dan keyin: The mountains lie beyond the horizon.
2. (imkoniyat) –dan tashqari: That was beyond my expectations.

But
1. –dan tashqari: I have read all but the last chapter.

By
1. Yaqiniqa: a house by the sea
2. –dan o'tib: He waved as he drove by the house.
3. (biror vaqt) -gacha: Try to finish the work by next week.
4. –ga ko'ra, bilan, : cheaper by the dozen; sold by weight
5. Orqali, tomonidan: travel by plane; written by him

Despite/ In spite of
1. –ga qaramay: We walked downtown despite the rain.

Down
1. Past tomonga: The ball rolled down the hill.
2. Oxirida/-ga: He lives down the street.

During
1. Davomida, mobaynida: She works during the day.
2. (biror vaqt) -da: An accident occurred during the night.

Except
1. –dan tashqari: I have visited everyone except him.

For

1. (biror vaqt) –dan beri: We have been walking for two hours.
2. (biror masofa) davomida: I walked for five kilometers.
3. Uchun, -ga: I bought this jacket for you.
4. (biror joy) -ga: She left for New York.
5. –ga nisbatan: The boy is clever for his age.

From
1. (biror joy) –lik, -dan: We left from Boston; he comes from Mexico
2. (biror vaqt) –dan boshlab: from now on; from yesterday until today
3. (biror sabab) -dan: He suffers from nervousness.
5. (biror kishi) -dan: I first heard the story from you.

In
1. (biror hudud) -da: in London; in Europe
2. (biror joy) -da: in the room; in the building
3. (biror vaqt) -da: That happened in March, in 1992.
4. (biror vaqt) ichida: I will return in an hour.
5. (biror narsa) –da (ifodalash): write in pencil; speak in English
6. (biror xolat) -da: in doubt; in a hurry; in secret
7. (biror kiyim) -da: the boy in the blue shirt
9. –dan (iborat): lacking in ideas; rich in oil

Inside
1. Ichida: They are inside the house.

Into
1. Ichiga: We stepped into the room.
2. –ga (o'zgarish): The boy changed into a man.

Like
1. –ga o'xshash: That looks like him.
2. -dek: I feel like going swimming.

Minus
1. (–dan) ayiruv: Three minus two equals one.

Near
1. Yaqinida/ -ga: near the school; near the ocean

Of
1. -ning (tegishlilik): the roof of the house; a friend of mine; the sound of music
3. –dan (biror qismi): one of us; a member of the team
4. –dan (iborat o'lchov): a cup of milk; two meters of snow

Off
   1. –dan tashqari: Please keep off the grass.
   2. –dan (ajralish): He fell off the ladder.

On
   1. Ustida (sirtida): on the table; on the wall
   2. (biror vaqt) -da: That happened on Sunday, on the 6th of June.
   3. (biror koʻcha) -da: on South Street
   4. (biror xolat) -da: on strike; on fire; on holiday
   6. –da (orqali): live on a pension; shown on television

Onto
   1. Ustida (sirtida): The child climbed onto the table.

Opposite
   1. Qarshisida: The library is opposite the fire station.

Out of
   1. –dan (tashqariga): She went out of the room.
   2. –dan (ichidan): We won two games out of three.
   3. –siz (biror narsaning yoʻqligi): We spoke to them out of politeness. This machine is out of order.
   4. –dan (xom ashyo): The bridge is made out of steel.

Outside
   1. –dan tashqarida: outside the house; outside my experience

Over
   1. Ustida: There are cupboards over the sink.
   2. Yuqorisidan: I jumped over a puddle.
   3. –dan koʻproq: It cost over ten dollars; it took over an hour
   4. (biror vaqt) davomida: I saw him several times over the past week.
   5. –dan (sababli); They fought over the candy.

Past
   1. yaqinidan: I walked past the house.
   2. (biror vaqt)–dan oʻtmoq : It was past 2 o'clock; half past two

Per
   1.Har 60 kilometers per hour; price per liter

Plus
   1. Qoʻshuv: Six plus four equals ten.

Since
    1. (biror vaqt) –dan beri: I had been waiting since two o'clock.
    2. (biror ish-xarakatdan beri): I have been sitting here since I came.

Through
    1. Orqali: Skill improves through practice.
    2. Davomida: I slept through the night.

Throughout
    1. Boylab: throughout the world
    2. Mobaynida (boshidan ohirigacha): throughout the winter

Till
*Until*ga qarang

To
    1. (biror tomon) -ga: Turn to the right.
    2. (biror joy) -ga: I am going to Rome.
    3. –gacha : from Monday to Friday; five minutes to ten
    4. –dan ko'ra: They prefer hockey to soccer.
    5. (biror shaxs) -ga: Please give it to me.

Toward (or Towards)
    1. Tomonga: We walked toward the center of town.
    2. (biror vaqt) –gacha: It rained towards evening.

Under
    1. Ostida: under the desk; under the trees
    2. –dan ozroq: Under 100 people were present.
    3. (biror jarayon) -da: under repair; under way; under discussion

Underneath
    1. Tagida: underneath the carpet

Until
    1. (biror vaqt) -gacha: She will stay until Friday; until 5 p.m.

Upon
*On*ga qarang.

Up
    1. Ustiga: We went up the stairs.

2. (Yuqori qismi) -da: She lives up the hill.

Up to
   1. -gacha: up to now; I have read up to page 100. His work is up to standard.
   2. –ga bog'liq: The decision is up to you.

Versus
   1. –ga qarshi (sport musobaqalari): The next game is England versus Australia.

Via
   1. (yo'li) orqali: He went to Los Angeles via San Francisco.

With
   1. Bilan (birga): He came with her; I have my keys with me.
   2. -li: Here is a book with a map of the island.
   3. Yordamida: I repaired the shoes with glue.
   4. -dan: We were paralyzed with fear.

Within
   1. Ichida: within twenty minutes; within one kilometer

Without
   1. -siz: Do not leave without your coat; without money

Vaqt ko`rsatish *(Show time)*

At what time ...? emas,

' What time ?' deb so'rash kerak :

What time are you going out this evening? Bugun kechqurun soat nechada chiqib ketasiz ?

Ertalabki vaqtni ifodalashda soatdan so`ng **a.m** birikmasi ishlatladi .

It is 8 a.m .Ertalabki 8

Kechki vaqtni ifodalash uchun **p.m** birikmasi ishlatiladi .

It is 9 ; 00 p.m . soat 21 00

Predloglar mavzusi uchun maxsus qo'shiq

Audio 4

10 – mavzu (10 – unit)

Fe`lli ibora / birikmalar *(Phrasal verbs)*

O'zbek tilida fe'lli iboralar yo'q. Lekin ingliz tilida bor. Fe'lli ibora ingliz tilida *phrasal verb* deb ataladi. "Bu qanday hilqat bo'ldi ekan?" – deb so'rasangiz, javob budir: Fe'lli ibora *fe'l + ko'makchi (predlog)* yoki *fe'l + ravish* tuzilishiga ega bo'lgan iboradir. Fe'lli iboralarni mazmuniga ko'ra uch turga ajratish mumkin:

- O'zini tashkil qiluvchi fe'l va ko'makchining ma'nosiga to'la mos keladigan fe'lli iboralar. Masalan: ***go to – ga bormoq***. *I **go to** Samarqand every year. – Men har yili Samarqand**ga boraman**.*

- O'zini tashkil qiluvchi fe'l yoki ko'makchining biriga tegishli ma'noni aks ettiruvchi fe'lli iboralar. Masalan: ***stay up – uyg'oq qolmoq***. *I don't like to **stay** up late. – Men kechgacha uyg'oq **qolishni** (uxlamaslikni) yoqtirmayman.*

- O'zini tashkil etuvchi fe'l va ko'makchining ma'nosidan umuman farqli, yangicha ma'no ifodalovchi fe'lli iboralar. Masalan: *put up with – ko'nikmoq*. Bu iboraning ma'nosi, ko'rinib turibdiki, *put (qo'ymoq), up (yuqori)* va *with (bilan)* so'zlarining birortasi bilan ma'no jihatidan bog'liq emas. *He had to **put up with** the bad condition in the hotel. – U mehmonxonadagi yomon holatga **ko'nikishga** majbur bo'ldi.*

Shu yergacha o'qigan o'quvchining ongida "shuuuncha ma'lumot nimaga kerak?" – degan o'rinli savol tug'iladi. Rus gruppalarimda o'quvchi talabalarim esa, garchi ruschani jaaa bilvorishmasayam "к чему вся эта инфа?" – deb o'zlaricha hayron bo'lishlari mumkin. Islombek Muxtorov, yoki Davronbek Omonovdek ingliz tilini suv qilib ichvorgan o'quvchilarim esa, "what is all this information for?" – deyishgan bo'lishardi, lekin deyishmaydi, chunki ular fe'lli iboralar nimaga kerakligini juda yaxshi bilishadi.

- **Look forward to**– *sabrsizlik bilan kutmoq*. Tasavvur qiling, siz birovning kelishini sabrsizlik bilan kutyapsiz. Bunday holatda nima qilgan bo'lardingiz? Albatta, ko'chaga chiqib oldinga (forward) tomon (to) qaragan (look) bo'lardingiz. Demak birovni sabrsizlik bilan kutayotgan inson oldinga, uning kelajak yo'liga tikilib qaraydi. Tasavvur qila oldingizmi? Keling endi shu ibora bilan gap tuzaylik: *I am looking at the calendar all the time because I am **looking forward to** my birthday. — Men kalendarga tinmay qarayapman, chunki, tug'ilgan kunimni **sabrsizlik bilan kutyapman**.*

- **Look for** – Biror narsani *izlayotgan (look for)* odam uni topish *uchun (for)* atrofga *qaraydi (look)*. Bu iboraning mantiqiy asosi ham endi bizga ma'lum.

Masalan: *Yesterday I **looked for** this book in the library. – Kecha men bu kitobni kutubxonadan **izladim** (topish **uchun qaradim**).*

- **Look round** – *atrofga qaramoq (tomosha qilmoq).* Bu ibora oʻz maʼnosini oʻzi taʼriflab turipti. Biror joyni tomosha qilayotgan odam albatta *atrofga qarash (look round)* orqali bu ishni bajaradi. Masalan: *I was **looking round** in the shop when the shop assistant came up to me. – Yonimga sotuvchi kelganida men doʻkonni **tomosha qilayotgan edim.***

- **Go on** – *davom etmoq.* Tasavvurimizda, bir odam yurishda (go) davom etaveradi, etaveradi, hech toʻxtamaydi. Natijada gap hosil boʻladi: *He **goes on and on**. He never stops. — U yuraveradi va yuraveradi (yurishda davom etaveradi). U hech toʻxtamaydi.*

- **Put up with** – *koʻnikmoq, chidamoq.* "Put up" – "toʻxtamoq" degani. Biror narsaga koʻnikkan, chidashga rozi (put up with) boʻlgan inson kurashishdan, holatni oʻzgartirishga urinishdan *toʻxtaydi (put up),* har qanday holat *bilan (with)* koʻnikib yashashga rozi boʻladi. Misol: *He put up at a bad hotel and **put up with** the bad condition there because he was very tired.- U yomon mehmonxonada toʻxtadi va u yerdagi yomon holatga **koʻnikdi**, chunki u juda charchagan edi.*

- **Find out** – *soʻrab bilmoq, surishtirib bilmoq.* Biror maʼlumotni *surishtirib bilgan (find out)* shaxs bu maʼlumotni avval *topadi (find)* va keyin uni *yuzaga, tashqariga (out) I **found out** that he **had found out** all the information. – Men uning hamma maʼlumotni **surishtirib bilib boʻlganini soʻrab bildim**.*

- **Take off** – *parvoz qilmoq, yerdan koʻtarilmoq.* Bu ibora ham ikki qismdan iborat. "Take" – "olmoq" va "off" – "ustidan". Uchayotgan (take off) samolyot shundoq *oladida (take),* yerning *ustidan (off)* tepaga koʻtariladi. Masalan: *I took a picture of a plain which was **taking off**. — Men **yerdan koʻtarilayotgan** samolyotning rasmini oldim.*

- **Take after** – *feʼl atvor jihatidan oʻxshamoq.* Oʻzbeklarda "Ot oʻrnini toy bosar" degan maqol bor. Yaʼni, toy ulgʻayib otning oʻrnini *oladi (take).* Albatta otning oʻrnini *olgan (take)* toy otdan *keyin (after)* dunyoga keladi va albatta unga o'xshaydi. Shunga o'xshash har qanday inson farzandi o'z ota-onasidan *keyin* (after) dunyoga keladi va ularning o'ziga xos jihatlarini ulardan *oladi (take)*. Masalan: *He is a very good natured boy. He **takes after** his father. – U juda xushtabiat bola. U otasiga **o'xshaydi**.*

- **Do well in** – *biror sohada muvaffaqiyatga erishmoq.* Bu iborani tahlil qiladigan bo'lsak, undan quyidagi ma'nolarni uqib olishimiz mumkin. Biror sohada muvaffaqiyatga erishmoqchi bo'lgan odam shu sohada *yaxshi ishlashi/harakat qilishi (do well)* lozim va albatta bu hatti harakatlar o'sha sohaning *ichida (in)* amalga oshiriladi. Demak biror sohaning ichida *yaxshi ishlamoq (do well in)* unda *muvaffaqiyatga erishish*ga olib kelar ekan. Masalan: *He is working very hard on his English and he is **doing very well in** it. – U ingliz tilisi ustida juda qattiq mehnat qilmoqda va bu **sohada muvaffaqiyatga erishmoqda**.*

- **Run out** – *tugab qolmoq.* Bir qarashda bu iborani tashkil qiluvchi so'zlar va bu iboraning ma'nosi o'rtasida hech qanday bog'liqlik yo'qday. Biroq bog'liklar albatta bor! Faqat buni ko'ra bilish kerak. Tasavvur qiling. mashinangizning benzini *tugab qoldi (run out)*. Boshqacha qilib aytsak, benzin mashinaning ishlash jarayonida motor tomon *yuguradi (run)* va u benzin bakidan *tashqariga (out)* chiqadi. Natijada, benzin tugab qoladi (run out). Masalan: *On the way to Samarkand the petrol in my car **ran out**. – Samarqandga ketayotib mashinamning benzini **tugab qoldi**.*

Irregular verbs (Noto'g'ri fe'llar uchun maxsus qo'shiq)

Video 6

Foydanilgan adabiyotlar :

1) M.l. GADOYEVA, K.H. SAYITOVA INGLIZ TILI I qism O'zbekiston Respublikasi 01iy va o'rta maxsus ta'limi vazirligi O'rta maxsus kasb-hunar ta'lim markazi kasb-hunar kollejlah uchun qo'llanma sifatida tavfsiya etgan TOSHKENT - «O 'ZBEKISTON» - 2013

2) V.L.Kaushanskayaning ―A Grammar of English language‖

3) K.H.Качалова, Е.Е.Израилович ― Практическая грамматика английского языка‖ М., 1996.

4) E.M.Gordon, I.P.Krylova ―A Grammar of Present – Day English‖ M., 1974

5) Hoshimov U.H., ―Ingliz tili rammatikasi‖ T., 1968

6) B.A.Ilysh, The Structure of Modern English― p.157

7) А.А.Шахматов ‖Синтаксис русского языка‖ М., 1941.

8) Muxin А.М. ―Синтаксемный анализ и проблема уровней языка‖ Л., 1980.

9) Бархударов Л.С, Штеллинг Д.А. ―Грамматика английского языка‖ М., 1973

10) Бархударов Л.С. ―Структура простого предложения английского языка‖ М.,1966

11) Boʻronov J.B ―Ingliz va oʻzbek tillari qiyosiy grammatikasi‖

12) Жигадло В.Х., Иванова И.Л. ―Современный английский язык‖ М., 1956

13) Уфитцева А.А. ―Типи словесних знаков ‖ М., 1974

14) Raymond Murphyning "Elementary Grammar"

15) https://hasanboy.uz/ring-of-fire-qiziqarli-oyin/

16) https://readingeggs.com.au/articles/2020/06/02/alphabet-games/

Printed in the USA
CPSIA information can be obtained
at www.ICGtesting.com
CBHW082359210824
13470CB00027B/511